동양학의 좌우론

동양 고전에서 배우는 지혜

동양학의 좌우론

이준영 지음

자유문고

머리말

나는 50여 년간 출판에 종사하면서 고전을 번역하는 일로 한 세월을 보냈다. 앞으로도 시간이 허락하는 동안은 고전을 번역하다 생을 마칠 생각이다.

현재까지 번역한 고전을 열거해 보면 시경詩經, 서경書經, 주역周易, 예기禮記, 주례周禮, 의례儀禮, 관자管子, 춘추좌전春秋左傳, 춘추공양전春秋公羊傳, 춘추곡량전春秋穀梁傳, 이아주소爾雅注疏, 춘추번로春秋繁露, 국어國語, 전국책, 논어論語, 맹자孟子, 대학大學, 중용中庸, 순자荀子, 묵자墨子, 사기史記, 한서漢書, 후한서後漢書, 삼국지三國志, 진서晉書, 수서隋書, 십팔사략十八史略, 정관정요貞觀政要, 황제내경소문黃帝內經素問, 황제내경영추黃帝內經靈樞, 황제내경태소黃帝內經太素, 고문진보古文眞寶, 제민요술齊民要術, 신서新書, 산해경 등등 1백여 권에 이른다.

이 많은 고전을 일일이 거명하는 것은 이 고전들에 나오는 특이한 말이나 값진 말들, 특이한 행동이나 모범적인 언행, 또는 알아야 두어야 하는 이야기, 잠언들을 그때그때 수첩에 기록해 왔기 때문이다. 그 내용을 언젠가는 책으로 꾸며 보기 위해서였다.

그런데 그동안 기록해 두었던 단문短文들을 모아서 한 권의 책으로 묶으려니 그 작업이 그리 쉬운 일은 아니었다.

채집한 단문短文들은 모두 각각의 특성을 지니고 있고, 그 뜻의 지향하는 바도 달랐다. 이에 서로 다른 문장들을 시대 순서대로 나열하고 차례도 가능한 한 그에 기준하려 했지만 그렇게 배열하다 보니 연결되는 문장들이 하나의 모래알처럼 되고 그 뜻이 서로 어우러지지 않았으며, 또 지향하는 바의 뜻도 연결되지 않았다.

이 때문에 연대를 가리지 않고 의미가 동일한 문장들을 묶는 것으로 마음을 정하고, 또 아름다운 문장이라도 현실에 부합하지 않거나 또는 문장과 문장이 상치되는 것들은 취합한 것에서 제외시켰다.

이에 앞에는 고전의 명문장을 올리고 아래에서 그 뜻을 부연 설명함과 동시에 독자들이 쉽게 이해할 수 있도록 고전에서 얻은 필자의 식견을 더했다. 하지만 이와 같이 하면 사전적인 지식만을 전달하는 것 같았다.

그래서 다시 필자의 의견도 첨가하여 동양학을 읽는 일반인도 쉽게 이해할 수 있도록 부류部類로 나누어 문장을 묶고 본 문장에 해설식의 가필을 더하였다. 이는 고전을 읽는 데 알아야 할 기초 상식이나 동양 고전의 깊은 철학을 지루하게 느끼지 않고 잠깐잠깐 재미를 느끼며 쉽게 이해할 수 있도록 배려한 것이다.

또 산란한 것처럼 느껴지는 것들을 서로 연결하는 역할을 할 수 있도록 한 저자 나름의 생각이기도 하다.

동양의 좌우론은 서양의 좌우론과 어떻게 다른가?

인仁이란 무엇인가?

덕德이란 무엇인가?

제사에서는 왜 두 번의 절을 올리는 것인가?

법이란 왜 항상 당사자에게는 불공평하게 느껴지며, 법의 모순은 어떤 것인가?

한자의 유래와 제조법, 육체六體와 서예의 전래 과정, 고대의 유명한 서예가들은 누구누구인가?

또한 동양의 장생불사술이나 나장문화裸葬文化, 술의 유래 등등을 일반인이 쉽게 이해하도록 나름대로의 해설을 더했는데, 필자가 평소 고전에서 얻은 지식들로 심혈을 기울여 주기注記했다.

이것은 유학儒學의 심오한 철학이기도 하고, 또 1백여 권의 고전을 번역하면서 얻은 지식이기도 한 것을 취합하여, 해설을 더해 한 권의 책으로 묶은 것이다.

인仁, 덕德, 도道를 부연 설명한 것은 퇴계(退溪: 李滉) 선생 이후로 저자가 처음이라고 할 것이며, 또 동양학의 좌우론左右論을 논한 것은 필자가 유일할 것이다.

사실 유학이란 현대의 젊은이들에게는 생경生硬한 학문이고 쉽게 다가서기 어려운 학문이기도 하다. 그러나 누구라도 한번 접하게 된다면 동양학에 이러한 심오함이 있구나 하고, 독자의 눈이 반짝 뜨일 수 있는 학문이라고 느낄 것이다.

또 고전에 자주 언급되는 삼합三合, 천간天干, 지지地支, 오행五

行, 오상五常, 오성五星, 오음五音, 오미五味, 팔괘八卦, 오행상생五行相生, 오행상극五行相剋 등등의 여러 단어들을 한곳에 모아 그 뜻을 풀이하여 고전에 관심이 낮은 사람들의 이해를 도왔다.

이 한 권의 책으로 동양 유학의 저변低邊과 심층深層을 함께 가볍게 엿볼 수 있는 것은 물론이거니와, 동시에 여러 가지 잡학(雜學: 점술서, 관상학)을 공부하는 데 있어서도 많은 도움이 될 것으로 사료思料된다.

강호江湖 제현諸賢 독자들의 많은 혜량惠諒이 있기를 바란다.

2022년 6월

오금동 지한止漢 서재書齋에서

머리말 • 5

제1장 **동양사상의 좌우론左右論 17**

　동양의 좌우론左右論 • 17

　오른쪽을 높은 것으로 삼다 • 36

　좌천의 유래 • 38

　좌左와 우右의 실체 • 40

　동원東苑이라고 명명한 이유는 • 41

　고전을 읽는 데 도움이 되는 일상적인 상식 • 43

제2장 **대동大同의 인仁 47**

　인仁이란 무엇인가? • 47

　인仁으로 돌아가는 방법은 • 55

　인仁은 마음의 덕이고 사랑의 이치이다 • 61

제3장 **덕德과 도道 63**

　덕德이란 무엇인가? • 63

　육덕六德 · 육행六行 · 육례六藝 • 68

　교학상장敎學相長이란 • 71

　학문과 덕행이 위이고 기예는 다음이다 • 75

자연의 원리에 순응하여 국가를 변화시켜야 • 77

한 번 뱉은 말은 주워 담을 수 없다 • 79

날개가 없어도 잘 나는 것은 • 81

이름을 짓는 다섯 가지 법칙 • 83

도에 맞지 않은 말로는 군자를 속이지 못한다 • 86

부모, 자신, 친구, 관리의 죄가 되는 것들 • 88

가난하여도 학문을 즐기고 부유하면 예를 즐겨야 • 91

오래 거처하려거든 덕을 쌓아라 • 93

여뀌 속의 벌레는 쪽의 단맛을 알지 못한다 • 95

제4장 이기理氣 일원론과 이원론 97

주돈이의 『태극도설』• 97

옛날의 학교제도 • 105

부유하지 않은 것을 근심하지 않는다 • 109

제5장 마음을 수련하는 법 113

자신을 삼가고 마음을 수련하는 방법 • 113

자신의 외상外相을 바꾸는 방법 • 119

자신의 내상內相을 바꾸는 방법 • 121

제사에서 재배再拜를 하는 까닭은 • 124

반신반의하면 성공하지 못한다 • 127

군주는 신하를 어떻게 대해야 하는가 • 130

위의威儀란 무슨 뜻인가 • 132

체험한 것은 깊고 배우는 것은 엷다 • 135

제6장 정치와 법 137

한 고조의 세 가지 법 • 137

진선進善의 깃발과 비방誹謗의 나무 • 139

죄는 법을 맡은 관리의 손에서 이루어진다 • 141

위엄이 군주를 떨게 한 자는 온전하지 못했다 • 143

경모법輕侮法이 만들어진 사연 • 146

쇠 띠를 훔친 자는 처벌받고 나라를 훔친 자는

　　후작이 된다 • 150

법이 만들어지면 간사한 것이 발생한다 • 152

세 성군은 어떻게 백성과 소통했는가 • 154

예는 미연未然에 금하고 법은 이연已然에

　　금지한다 • 156

사직의 쥐는 불태우는 것이 불가하다 • 158

당黨이 결성된 최초 • 160

군주에게 간하는 다섯 가지 종류 • 163

국가의 근심거리는 무엇인가? • 165

물이 맑으면 큰 물고기는 살지 않는다 • 167

보통사람은 선한 일도 나쁜 일도 함께한다 • 169

해치獬豸는 죄가 있는 자를 가려 치받았다 • 171

거울에게는 추한 자도 원망이 없다 • 173

가난을 근심하지 말고 불안한 것을 근심하라 • 176

제7장 **격언적格言的 상식과 지혜 179**

누구에게나 생각지 못한 복과 재앙이 있을 수 있다 • 179

잠깐 우산을 함께 썼으나 오랜 친구와 같다 • 181

항우와 우미인의 사랑가 • 183

선비를 살펴보는 데 일어나는 실수 • 185

아름다운 말은 시장에서도 돈을 주고 사는 것 • 187

때를 얻기는 어렵고 잃는 것은 쉽다 • 189

가난하고 부유함에서 사귀는 정을 아는 것 • 191

늙어 관직을 내 놓는 일을 치사致仕라 한다 • 193

물속의 물고기가 탐나거든 집에 가서 그물을 엮어라 • 195

삼구지례三驅之禮 • 197

꽃은 꼭지를 떠나면 시들게 된다 • 199

아들을 삶아 끓인 국을 마신 장수 • 201

뱀도 근본을 잊지 않는다 • 203

태공금궤太公金匱의 궤几, 장杖 • 205

부정한 뇌물에 '구린내'가 난다는 말의 유래 • 207

책策으로 면직된 것은 서방徐防에서부터 • 211

들짐승이 집으로 들어오면 주인은 떠난다 • 212

옛날 사관史官의 명칭과 사관史觀 • 213

주는 것이 취하는 것이다 • 216

사물이 갑자기 성장한 것은 요절한다 • 218

군사의 전략은 화락에 있다 • 220

열사는 늙어도 웅대한 뜻을 버리지 않는다 • 222

아침에 핀 꽃은 저녁에 진다 • 224

재앙이나 복은 문이 없어도 들어온다 • 226

명예직은 언제 시작되었나? • 228

하늘의 광채와 땅의 덕 • 230

의심을 사면 그때부터 중상모략이 먹힌다 • 232

삼복三伏의 유래 • 234

역사서에서 간통에 관해 쓰이는 글자들 • 236

제8장 역사상 뛰어난 인물들 239

약관에 선망의 대상이 된 사람들 • 239

한 번에 다섯 줄의 글을 내려 읽다 • 241

공상空想은 배우는 것만 같지 못하다 • 242

삼국시대 오吳나라의 뛰어난 인물 여덟 사람 • 247

진나라 때의 죽림칠현 • 250

시구 한 글자로 이름을 드날리다 • 253

제9장 효孝가 주는 감복 255

　효자 집안은 하늘의 복을 받는다 • 255

　나무는 고요하려고 하나 바람이 가만두지 않는다 • 259

　어머니를 버리면 세 아들이 떨게 된다 • 261

　일곱 발자국 만에 지은 시 • 263

제10장 불로장생의 술術 265

　130세에도 30세의 젊음을 유지한 사람 • 265

　인생은 짧은 것, 즐겨 놀지 않겠는가! • 267

　태식胎息과 태식胎食 • 269

　기러기 깃털보다 가벼운 죽음 • 272

　뛰어난 의사라도 명이 없는 사람은 구원하지 못한다 • 274

　조신祖神의 유래 • 276

　최고의 애주가 • 278

　밝은 눈을 오래도록 유지하는 비결 • 281

　사람의 생명을 구하는 데 수명을 점치지 않는다 • 283

　술이 어디에 좋아서 그대는 즐기는 것이오! • 285

　술은 미치게 하는 약이지 아름다운 맛은 아니다 • 288

　동물이 장수하는 비결 • 290

　세상의 일은 항상 상반되는 것이다 • 292

　성性에 달인이 되는 다섯 가지 방법 • 294

　호흡에 쓰는 글자들의 뜻 • 296

제11장 한자의 제작과 서예의 육체론六體論 299

해서체를 처음 쓴 사람은? • 299

한자의 육의六義와 서예가들 • 300

제12장 나장裸葬의 시작 317

발가벗긴 나체로 장사지내는 것의 시작 • 317

나장裸葬을 유언으로 남긴 조자趙咨 • 322

장례의 의의와 방식 • 328

제1장 동양사상의 좌우론左右論

동양의 좌우론左右論

동양사상에 있어서 좌우론左右論이란 통치학通治學을 말한다.

서양에서의 좌우론은 프랑스대혁명 이후 국민공회에서 급진적인 자코뱅파가 왼쪽(좌)에, 온건한 지롱드파가 오른쪽(우)에 앉아서, 이때부터 좌파와 우파가 성립된 것으로 알려져 있다.

그러나 동양에서는 이미 이보다 몇 천 년 전부터 좌우의 개념이 확실하게 구분되어 왔다. 그 의미를 살펴보려면 먼저 일반적인 용어인 명당明堂이란 단어를 이해해야 한다.

① 명당의 본래 의미

명당明堂의 본래 의미가 무엇인지부터 살펴보자. 명당은 천자天子가 신하들과 조회朝會하는 곳으로 국정國政을 의논하는 곳이다.

천자가 제왕帝王의 자리에 앉아서 모든 신하들의 조회를 받는 곳이라면 그 자리는 최고 좋은 자리가 아닌가. 그래서 최고 좋은 자리를 '명당明堂'이라고 하는 것이다.

천자가 조회할 때 앉는 자리, 그 기본 자리 터가 명당의 본래 뜻이다. 요즘으로 말하면, 국무회의 때 대통령이 앉는 자리가 그런

곳과 같은 곳이라 할 수 있다.

그곳에 군주가 앉아 있을 때는, 군주는 북쪽을 등지고 남쪽을 향해 앉는 것이다. 이때 군주가 앉아 있는 자리를 중심으로 방향을 살펴본다면, 왼쪽은 동쪽이 되고 오른쪽은 서쪽이 된다. 등지고 있는 곳은 북쪽이고, 바라보고 있는 쪽은 남쪽이다. 그래서 천자는 남면南面하고 앉는다고 말하는 것이다.

군주가 남면하고 앉아 있으면 신하는 좌와 우로 쭉 늘어서 있고, 의견을 아뢰려면 앞으로 나와 북면北面하고 앉아서 군주를 향해 엎드려 아뢰는 것이다.

따라서 동양의 '좌우론左右論'은 실제에 있어 동양학의 통치학統治學이라고 말할 수 있다.

이는 프랑스혁명 이후 생겨난 좌파와 우파의 개념보다는 근본적으로 한 차원 높은 것이다.

동양학東洋學에서 말하는 좌우라는 개념은 곧 좌[동쪽]와 우[서쪽]이다.

좌측, 즉 동쪽은 또한 청룡靑龍이라고 한다. 우측, 즉 서쪽은 백호白虎라 하고. 남쪽은 주작朱雀이며, 북쪽은 현무玄武라고 하는 것이다.

동쪽, 청룡은 오행五行으로 말한다면 목木에 해당한다. 서쪽은 금金, 남쪽은 화火, 북쪽은 수水이다.

명당, 즉 가운데 중심 자리는 토土에 해당한다. 색깔로 보면 황黃이다. 그래서 황룡黃龍이라고도 한다. 이곳이 군주가 앉는 최고의 명당자리인 것이다.

그러므로 좌〔동쪽; 東, 木, 靑龍〕는 항상 사물이 태어나는 곳이며 모든 생명체가 태어나는 곳인 것이다. 노동자, 농민, 기술자, 곧 권력에 야합하지 않은 순수한 백성들(모든 근로자)이 여기에 해당한다. 이들은 항상 짓밟히고 죽임을 당해도 없어지지 않고 다시 태어나는 집단이며, 이들은 군주가 없어도 존재하며 반면에 세력이 결집하면 권력을 창출해 내는 집단이기도 하다. 곧 목(木; 仁; 생산)이며 생명체가 생산되는 상징의 곳이다.

우〔서쪽; 西, 金, 白虎〕는 집권 세력에서 군주를 호위하는 역할을 맡고 기득권의 방어 역할을 하는 군부, 경찰, 검찰, 정보부 등등 군주를 보호하는 집단이다. 또 금(金; 義)은 오행에서 무기武器에 해당하고 재단裁斷을 상징하는 곳이기도 하다. 이는 군주가 없으면 우도 없어지는 것이며 이들은 곧 금金, 즉 쇠로 만든 무기를 지니고 백성들을 핍박하고 수탈하여 각종 세금을 징수하는 데 있어 군주를 보호하고 국가의 비용을 충당한다는 명분〔義〕을 내세우는 집단들이다.

길사吉事, 즉 좋은 일에서는 좌측을 높게 여기고 흉사凶事, 즉 좋지 않은 일에서는 우측을 높게 여긴다. 노자 도덕경 31장에 보면 이런 말이 있다.

吉事尙左, 凶事尙右. (길사상좌, 흉사상우)
경사에는 왼쪽을 높이고, 흉사에는 오른쪽을 높인다.

좋은 일에서는 좌를 높이고, 흉사凶事, 즉 사람을 죽이는 일 등 나쁜 일에서는 우를 높인다는 뜻이다.

여기서 좌左라는 것은 노동자, 농민 자영업자 등으로 대변되는 사람들이다. 좋은 일, 생산적인 일을 하는 사람들이다.

우右라는 것은 군주 한 사람만을 호위하는 세력이다. 군주가 무너지면 우도 없어지는 것이다. 그러나 좌는 소멸되어도 항상 다시 태어나 존재하고 있는 것이다.

또 우는 항상 좌가 집단을 이루어 투쟁하고 요구해서 얻는 혜택을 입으면서도 좌를 배려하려 하지 않고 타도의 대상이나 수탈의 대상이나 통제의 대상으로 올려놓는 습성을 가지고 있는 세력들이다.

좌에서 세력이 모여 투쟁하여 민주화 되고 인권이 신장되면, 그 인권이 신장된 혜택은 우파인사들도 동등하게 같은 혜택을 보는 것이다.

새가 하늘을 제대로 날아오르려면 좌우의 날개가 균형을 맞춰야 하듯이, 군주는 좌우의 날개를 잘 운영해야 한다.

출신이 좌이든 우이든 일단 집권하면 명당의 자리에 앉는 것이다. 그 자리에 앉게 되면 좌와 우를 잘 운영해야 안정된 정치를 이룰 수 있는 것이다.

잘 운영할 수 있는 유효적절한 도를 곧 '중도(中道; 中庸; 적합한 도)'라고 하며, 지도자는 이 '중도'를 가지고 좌우를 운영하는 데 사용해야 국가가 발전하는 것이다.

그런데 이 중도라는 말이 잘못 쓰이는 경우가 많다.

중도中道는 '도에 알맞다'라는 뜻이다. 중도통합론中道統合論이라는 말이 유행하곤 하는데, 원래의 의미로 보면 얼마나 잘못 쓰여지고 있는지 알 수 있을 것이다.

중도라는 것은 '최고의 진리'를 말하는 것인데, 당연히 이쪽저쪽의 중간 지점에서 통합한다는 의미로는 쓰일 수 없는 것 아니겠는가?

중中이라는 것은 '알맞다'라는 의미이다. 모든 것의 진리(중심)를 뜻하는 것이다. '적중適中하다'라는 것은 최고의 지점인 과녁의 중심에 화살이 꽂이는 것을 의미한다.

『중용中庸』에서의 '중中'은 알맞다는 의미이다. 일상적인 것에 가장 적합하다, 적중하다 라는 의미이다.

이렇듯 중도라는 것은 도에 가장 알맞은 것을 뜻한다. 중도통합처럼 중심 없이 막 쓰일 수 없는 말이다. 언론에서도 본래의 의미를 잘 모르고 그렇게 받아쓰는 것 같다.

예를 들어, 정부가 우 쪽에서 집권했다면, 일단 집권한 이상 지도자는 명당의 자리에 앉은 상태인 것이다. 그런데 인재를 운용을 할 때 우 쪽에 너무 치우치면 날개는 한쪽으로 쏠려 균형을 잃고 몸체가 흔들리게 되는 것이다. 좌 쪽도 중용을 해서 균형을 맞춰 주어야 하는 것이다.

좌 쪽은 노동자, 농민 등 생산자로서 이들을 편하게 잘 살게 해야 하지만, 이것도 너무 좌편으로만 치우치다 보면 또 균형을 잃게 되는 것이다.

우 쪽은 노동자, 농민의 생산물을 취해 집권 유지를 강화시키는 역할을 담당한다. 또 한편으로는 그들 자신의 보신을 위해 사복을 채우는 집단이기도 하다. 본래는 체제體制가 무너지지 않도록 지지하는 역할을 하는 것이지만, 실질적으로는 자신의 사복도 채우고 기득권을 잃지 않으려고 혈안이 되어 발버둥치는 집단인 것이다.

② 좌는 발전하는 자리, 우는 지키는 자리

좌는 늘 발전하고 진보해 가는 집단이다. 또 수가 줄어들면 다시 태어나 결코 소멸되지 않으며, 자신들의 생존권을 위해서는 서로 뭉치는 세력들이기도 하다.

반면 우는 발전보다는 군주를 위해서, 즉 체제만을 위해서 끝까지 보수保守하려는 집단이다. 또 오직 자신이나 가족만을 위하고 남을 위해 노력하지 않으며, 현 체제의 유지만을 바라는 보신주의자들이기도 하다.

동양의 오행론五行論에 의거해 보면 동쪽(木; 左)은 태어나는 곳이다. 태어나게 하는 곳인 이곳을 또한 인仁한 곳이라고 한다. 계속 생산되어 나오는 쪽이다.

군주가 중앙(中央; 土)에 앉아서 바라보는 쪽, 즉 남쪽(火; 前)은 따뜻한 곳이며 만물이 서로 다투어 성장하는 곳으로, 사람들이 공로를 경쟁하는 곳이다.

서쪽(金; 右)은 의義를 내세워 관리들이 쇠로 만든 무기를 가지고 위엄을 가하며 세금을 거두어들이는 곳이다.

북쪽(水; 後)은 감옥이나 죽어서 묻히는 묘지가 있는 곳을 의미한다. 무덤이 많은 곳이나 사람이 죽어서 묻히는 곳을 북망산北邙山이라고 한다.

중앙(中央; 土)인 명당明堂에서 군주가 북쪽을 등지고 앉아 남쪽을 바라보면 동쪽은 좌가 되고 서쪽은 우가 되는 것이다.

이러한 것을 정리해 보면 아래와 같다.

중앙中央, 명당明堂, 황룡黃龍, 토土, 운용運用 : 군주의 자리(지도자)

좌左, 동東, 청룡靑龍, 목木, 생산, 발전 : 노동자, 농민, 생산자의 위치, 문반文班

전前, 남南, 주작朱雀, 화火, 성장 : 모든 백성들의 삶의 터전, 공로의 경쟁처

우右, 서西, 백호白虎, 금金, 보필(지킴), 거둠 : 군인, 경찰, 검찰, 참모, 내무, 법무, 국정원 등등

후後, 북北, 현무玄武, 수水, 죽음, 저장(감춤) : 범법자의 무덤, 감옥, 곧 구치소 등등

군주는 남면南面하고 앉아 있으면 편안한 상태가 되는 것이다. 왜냐하면 등 뒤(북쪽)는 죄가 있어 옥에 갇혀 있거나 아니면 죽은

사람이 묻혀 있는 곳으로, 군주에게 해침을 가할 수 없기 때문이다. 등 뒤에서 칼질할 사람이 없다는 것이다. 나머지 좌와 우와 앞쪽은 다 살아 활동하는 사람들이다.

백성들은 좌에서 나서 남쪽 광장(군주의 앞쪽)에서 성장한다. 그러므로 군주의 앞은 삶의 광장인 것이다. 이 삶의 광장에서 너무 드러나게 튀어 성장하게 되면 제거의 대상이 되거나 죽음이 있을 뿐이다.

지금은 민주주의가 발달해서 그 양상이 조금은 다르지만, 군주 시대에는 공을 많이 세웠다거나 백성들에게 인기가 많으면 절대 목숨을 살려 두지 않았다. 자신의 자리를 위협하는 대상으로 여겨서 구실을 만들어 미리 죽였던 것이다.

명당의 자리에 앉아서 바라보고 있다가 여러 백성들 중에서 한 사람이 툭 튀어 성장하게 되면 그는 무슨 죄목을 붙여서라도 제거했다. 그래서 2인자나 높은 자리에 있는 이는 각별히 조심해야 했다.

2인자는 항상 겸손하고 자신을 낮춰 관리해야 살아남는다. 잘못 보이면 거두는 쪽(右, 西)에서 죽여 북쪽으로 보내 곧 북망산에 묻히게 하는 것이다.

이런 관점에서 우익이냐 좌익이냐를 따질 때 학자는 항상 좌 쪽에 있어야 하는 것이다. 학자가 우 쪽으로 돌아선다면 학자로서의 생명은 끝인 것이다. 이때부터는 자신의 안일만을 위하기 때문이다.

또 우라는 것은 체제를 수호하는 것만을 사고하고 자신을 보호하기 위해 충성도 해야 하는 등, 우익을 한다는 것은 편히 살고 더 이상 노력하지 않겠다는 의미도 내포하고 있기 때문이다.

태어나게 하고〔左, 東, 靑龍, 木〕, 성장하게 하고〔前, 南, 朱雀, 火〕, 거두어들이고〔右, 西, 白虎, 金〕, 감추는 것〔後, 北, 玄武, 水〕, 이 모든 것을 총괄하는 것을 명당〔明堂; 中央, 黃龍, 土〕의 자리에 앉아서 '중용中庸'의 도道를 가지고 적용하는 것이다. 이것은 동양의 오행설五行說의 논리이기도 한 것이다.

또 명당에 앉은 지도자는 좌우의 날개를 제대로 펼치고 위로 날아 중앙의 제 위치에서 아래를 제대로 내려다볼 수 있어야 한다. 중심을 잡지 못하면 앞을 제대로 보지 못하여 한편으로 기우는 것이다.

성스런 군주는 중용지도中庸之道를 가지고 좌우의 균형을 잡아서 아래의 백성들을 잘 살피며 좌우를 잘 거느려 백성들의 삶을 편안하게 하는 것이다. 한쪽만 본다면 완전하지 않고 기울어져서 날지 못하고 결국은 곤두박질쳐 땅에 떨어지게 되는 것이다. 또 자기편만 위한다면 반대편에서는 참여하지 않아 결국 양극화되어 반목하는 사회가 되는 것이다.

정치뿐만 아니라 모든 것이 다 마찬가지이다.

지도자의 위치에 있는 사람은 항상 좌우를 잘 살펴보고 한쪽으로 치우친다 싶으면 반대쪽을 보완해 줘야 한다. 그렇게 해서 균형을 맞춰 운영하는 것을 '중도(中道; 알맞은 도)를 가지고 사용하는 것'이라고 하는 것이다.

중심도 없이 무조건 쌍방의 중간 지점을 택하는 것은 중도가 아니다. 알맞은 도, 즉 최상의 도를 가지고 좌우를 치우침 없이 운용하여 균형을 잡아 주는 것을 '중도를 가지고 사용하는 것'이라고 하는 것이다.

고려시대나 조선시대의 지배 계층으로 양반이라는 말이 있다.

국왕이 신하들의 조회朝會를 받을 때, 남향한 국왕이 볼 때 동쪽, 즉 좌측에 위치한 반열班列을 동반東班이라고 했는데, 이들은 문반文班이다. 서쪽(우측)에 위치한 반열을 서반西班이라고 했는데, 이들은 무반武班이다. 이 두 반열을 통칭하여 양반이라고 한다.

영의정은 군주를 대신하여 군주 앞에서 중앙에 위치한다. 좌의정은 왼쪽에, 우의정은 오른쪽에 배치되어 있는데, 서열로 보면 좌의정이 높고 우의정이 다음이다. 좌를 높인 것이다. 문반 쪽은 이러한데 무반 쪽은 다르다.

죽이는 일을 하는 흉사 쪽에서는 우장군, 좌장군의 순서로서 우측을 높인다.

중국의 한漢나라와 같은 경우 유방劉邦이 집권하면서 장군을 위주로 해 등용해서 우장군이 높았다. 이전의 주周나라 때 주공(周公: 旦)이란 사람이 예악을 정리하면서부터 좌를 높였는데 한나라 때 와서 군대의 힘으로 집권하고 우를 높이면서 좌천左遷이란 말이 생겨났다.

좌천이란 왼쪽으로 옮긴다는 말인데, 낮은 관직이나 낮은 지위로 떨어지거나 외직外職으로 전근되는 일을 말한다. 지금도 그런 뜻으로 쓰이고 있다.

한나라의 경우 오른쪽[右]을 높은 자리로 생각했기 때문에 왼쪽[左] 자리로 옮기는[遷] 것은 직급이 낮아지는 귀책歸責의 사유로 좌천이라고 한 것이다.

반대로 진급하는 것은 우천右遷이라 했다.

이렇게 시대에 따라 달라지기도 했다. 또 문반의 경우에는 그 당시에도 변함이 없었다. 무반인 장군의 서열만 항상 우를 높였을 뿐이다.

그런데 좌천은 한 번의 기회를 더 주는 것으로 전화위복의 기회가 되기도 하고, 새로운 지식, 새로운 경험을 쌓을 수 있는 계기가 되기도 했다. 즉 잘못을 반성하고 다시 노력하라는 기회를 주는 것으로, 그래도 안 되면 다음 단계는 축출이다.

어머니가 아이에게 젖을 먹일 때 왼쪽으로 머리가 오게 하면 아이가 편안함을 느끼고, 반면 오른쪽으로 향하게 하면 불안감을 느낀다는 연구도 있다고 한다.

이렇듯 좌측은 모든 백성들을 감싸는 쪽, 편안하게 해 주려고 노력하는 쪽이다. 그러다 보니 군주한테는 늘 눈엣가시처럼 미운 털이 박힐 수밖에 없었다.

'백성들을 위해서 이렇게 해 주어야 한다, 이런 것을 바꿔야 한다, 이런 제도는 고쳐야 한다'고 하면서 백성들의 요구 사항을 많이 상주하면 군주 입장에서는 아주 성가신 쪽에 해당하는 사람들인 것이다.

우측은 군주를 위해서 이렇게 저렇게 수비하며 그 비용을 세금으로 징수하는 쪽이니까, 군주의 입장에서 보면 자신에게 충성을 다하는 좋은 신하들일 뿐이다. 자기를 수호하기 위해 필요한 명목을 붙여 백성의 것을 수탈하고 창고에 채워주는 충실한 신하들인 것이다.

군주가 좌측의 좋은 정책들을 받아들이고 그들의 처지를 이해하며 좋은 정책을 펴 성군聖君이라는 칭호를 얻은 자는 역사에 많았다. 반면 우측에 서서 자신들의 패거리들이 수탈하는 정책을 펴고 패거리에게나 인기를 얻은 군주는 역사 이래로 폭군이라는 칭호 외에는 성군이라든가 정치를 잘했다는 평가를 받은 자는 한 사람도 없었다.

좌측은 인구가 많기 때문에 많은 수가 칭찬을 하면 지도자는 인기가 있는 것이지만, 소수인 우측을 위한다면 인기는 하락하고 결국은 국가도 오래 지탱하지 못하는 것이다.

일반적으로 좌익을 급진적이다 과격하다 이렇게만 여기는 것은, 항상 앞서 가는 시각으로 사회를 대하고 부족하면 뜯어 고치려는 행동을 실천하기 때문에 보수적인 우의 시각에서 본다면 급진적이지만, 역사적인 경험으로 본다면 그렇게 형성된 시각은 잘못된 것이다. 다만 좌 쪽의 급진적 정책 추진 과정에서 발생하는 부작용 때문인 것이다.

우익은 어느 시대고 자기가 편하고 지금 현재 상태를 유지하려는 길만을 추구한다. 다른 사람이 잘 되거나 누가 뛰면 불편한 것이 우익이다. 사람이 많아지거나 새로운 것이 자꾸 발생하게 되면 자신의 자리가 위태로워지고 자기에게 맡겨지는 일도 점차 줄어지니까 변화되는 것을 싫어하는 것이다.

또 이들은 좌측의 사회개혁 운동이 이루어지면 모든 혜택을 누리면서도 반면에 자신의 지위가 불안하기 때문에 좌를 성가신 존재로 아주 싫어한다. 왜냐하면 우의 기득권을 내어놓으라고 요구하는 세력이 바로 좌이기 때문이다.

좌는 정체되는 일이 없다. 우는 흐르지 않고 고여서 썩는 일이 빈번히 일어난다. 거둬들이고 쌓아놓는 것이 주된 일이다 보니, 많이 거둬들여 쌓아놓다 보면 썩는 경우가 많이 발생하는 것이다.

축적한 것이 많다 보면 썩게 마련이다. 많이 가지고 있다 보면 자기도 모르게 타락하게 되는 것이다. 썩을 대로 썩게 되면 혁명이 일어나 바뀌게 되는 것이다. 이를 무너뜨리는 것은 항상 백성인 좌가 협력하여 이루어졌다.

이와 반대로 좌는 썩을 겨를이 없다. 계속 생산하고 변화하고 앞으로 나아가니까 썩을 틈이 없는 것이다.

동양에서는 이러한 좌우론을 통치학이라고 한다. 서양에서 발생한 좌우익의 개념과는 다른 면이 많다.

또 동양학에서 말하는 이 통치학은 일반적으로 서양이나 동양이나 똑같이 적용된다고 보여진다.

미국에서도 민주당이든 공화당이든 일단 집권하면 백악관의 자리에서 양쪽의 균형을 잡아야 나라가 시끄럽지 않는 것이다. 좌우를 잘 움직여야 제대로 통치되는 것이다.

유럽에서는 반대당의 정책이라도 좋은 것은 갖다 쓴다고 한다. 우리나라에서도 그런 면을 닮아가기는 하는데 아직 먼 것 같다.

지도자는 반대당의 의견이라도 좋은 것은 활용해야 국가가 잘되고 백성이 편안한 것이다.

풍속風俗이라는 말이 있다. 여기에는 깊은 뜻이 숨어 있다.

풍風이란 것은 군주, 즉 집권한 사람이 새로운 정책으로 백성에게 설명하는 것을 말한다. 가르치는 것이다. 자기의 정책을 제시하여, 우리는 이렇게 저렇게 할 것이니까 따르라고 가르치는 것을 풍이라고 한다. 지도자가 정책을 개발해서 백성에게 따를 것을 권장하는 것이다.

국풍國風이라는 것은 국가의 지도이념을 백성들에게 주지시키는 것을 말한다. 속俗이라고 하는 것은, 그 가르치는 것을 아래 사람이 따라서 습관화시켜 일상생활에 적용된 것을 뜻한다. 지도이념을 백성들이 따르고 고착화시켜 일상화된 것이다. 이것이 풍속의 원래 뜻인데, 이런 의미를 알고 쓰는 사람은 드물 것이다.

또 풍속風俗이란 교화敎化라는 말과도 유사한 뜻을 가지고 있다. 교敎라는 것은 집권자가 자기의 정책을 교육을 통해 가르치는 것이고, 화化라는 것은 아래 사람이 배워서 가르침에 변화된 것을 말하는 것이다.

교화와 풍속이 일치되도록 하는 것은 좌측에서 알아서 하는 것이다. 문반文班 쪽에서 하는 일인 것이다.

우측에서는 하는 일은 한정되어 있다. 자기 팀이 무너지지 않게끔 지키는 일이 주된 임무이다. 경찰, 군인, 검찰, 법관, 세무, 국정원과 같은 직분이 여기에 속한다. 무너지지 않아야 하는 방어의 책무를 맡은 쪽인 것이다.

요즘 말하는 운동권이나 진보적인 집단은 좌측에 속한다. 개혁하려고 하는 세력인 것이다. 현재는 급진적인 쪽을 대변하는 말로, 어떻게 보면 잘못 쓰이고 있는 셈인 것이다.

원래의 개념으로 보면 좌익이라 하는 것은 생산적이고 개인의 삶을 추구하는 좋은 쪽을 말하는 것이다. 곧 앞으로 나아가고 발전하며 생산이 멈추지 않게 하는 국가의 초석들인 것이다.

이러한 논리는 『예기禮記』, 『주례』, 『노자도덕경』, 『관자管子』, 『회남자淮南子』, 『오행론五行論』 등에 대강이 기록되어 있다.

③ 최고의 다스림은 '무위의 치(無爲之治)'

동양에서는 군주의 통치를 일컬어 무위無爲의 치治라고 한다. 하는 일이 없어도 나라를 잘 다스린다는 뜻이다. 중국의 요순堯舜시대의 태평성대를 이룬 다스림과 같은 것을 말하는 것이다.

그렇다고 해서 아무 것도 하지 않고 가만히 있는 것은 아니다.

군주는 명당明堂의 자리에 앉아 허정虛靜한 마음을 가지고, 앞에서 대신들이 국사를 논하는 것을 바라보며 군주의 자리를 지키고 있는 것이다.

그 앞에는 영의정이 중앙에서 좌우의 관료들을 통솔하고 국사를 논의하였다. 중국에서는 이 직책을 총재冢宰라고 하였다. 사도司徒라고도 했으며, 통상적으로 재상宰相이라고 했다. 조선조에서는 영의정이라고 했다.

이 재상은 군주의 앞에서 군주를 등지고 좌우를 관장한다. 이 재상이 중도中道를 가지고 좌우 논리를 수렴하는 것이다. 조정자의 역할을 하는 것이다.

군주는 왜 '무위의 치〔無爲之治〕'라고 하느냐 하면, 실제로 일을 하는 것이 아니라 앉아서 관찰하기 때문이다. 지금의 국회를 보면 연설하는 사람 뒤에 국회의장이 앉아 바라보고 있는 것과 유사하다.

양쪽에서 정책을 내는 것을 재상이 수렴하여 군주에게 보고하는 것이다. 그러면 군주는 고개를 끄덕이거나 거부하거나 한다. 누가 잘 하는지 지켜보고 있는 것이다. 관찰하고 있으니까 하는 일이 없어 보이는 것일 뿐이다. 공수拱手하고 앉아 있으면서 앞의 토론을 지켜보며 옳은 것은 고개를 끄덕이고 그르다 생각되면 아무 소리도 안 하는 것이다. 이러한 것을 '하는 일이 없이 다스리는 것', 곧 '무위지치無爲之治'라고 한다.

그러나 하는 일이 없는 것은 아니다. 관찰하고, 결정 사항을 받아들이거나 거부하고, 각자에게 책임을 주어 문책하는 일을 하는 것이다.

군주는 말을 많이 하는 것이 아니다. 듣기만 하고 가부만 결정하는 것이다.

옳다 그르다는 것을 군주가 직접 의견을 개진하여 결정을 해 버리면 책임질 사람이 없게 되고 그리되면 전체적인 책임도 자신의 몫이 되는 것이다. 자기가 직접 관여해 버렸기 때문에 잘못에 대해서도 담당자를 문책할 수 없게 되는 것이다. 모든 것을 맡겨 두면 담당자가 알아서 하고, 잘못하면 그 책임을 묻고 문책하면 되는 것이다.

이처럼 지금 우리나라에서 흔히 말하고 있는 좌우익이라는 개념은 동양학에서 말하는 좌우 개념과는 그 연원과 근본 의미가 서로 다른 것이다. 이런 의미에서, 동양학의 좌우론은 우리 사회의 지도자라면 반드시 알고 있어야 한다고 생각한다.

우리나라는 지금까지 엄밀히 말하면 우右만 있었던 것이나 다름이 없었다. 군부가 전면에 나서고 보수파가 계속 집권하는 등 좌우가 균형을 이룰 겨를이 없었다. 좌우가 균형을 맞추어 앞으로 나아가야 하는데 그러지 못한 것이다.

좌에 해당하는 세력, 즉 보다 생산적이고 진보적인 세력은 급진파 또는 심지어 친북세력이라고 배척당해 왔다. 그런 편파적인 시각은 하루 빨리 사라져야 한다. 지금은 그나마 조금은 나아졌다고 할 수 있다.

좌우의 조화가 이루어질수록 민주주의가 잘 실현되는 것이다. 우측으로만 흐른다면 독재 쪽으로 회귀하는 것일 뿐이다. 좌우의 날개가 균형을 이루도록 하여 앞으로 나아가야만 선진화된 국가라고 할 수 있고 민주주의도 발전하는 것이다.

보수든 진보든 일단 집권하게 되면 지도자는 명당에서 남면하고 지도자의 자리에 앉는 것이다. 그때부터 좌우의 균형을 잡기 위해 노력해야 하는 것이다. 집권자는 중도中道를 유지하여 좌우를 운용해야 하는 것이다.

진보 진영에서 대통령이 나왔다 하더라도 그쪽 진영은 좌에 계속 남아서 발전을 지향해야 하는 것이다. 그런데 그쪽에서 집권자가 나왔다고 해서 모두가 우로 옮겨가면 균형이 깨지는 것이다. 좌를 지키던 사람들이 우로 옮겨가면 좌가 없어지게 된다. 좌다운 좌가 사라지게 되면 혼란이 생긴다.

또한 지도자는 명당의 자리에 앉은 이상 말을 아껴야 한다. 환경이 변한 만큼 '무위의 치'를 옛날처럼 구현하지는 못한다 할지라도, 직접 간섭하는 말을 많이 하게 되면 재앙이 다가왔을 때 곤란을 겪게 되는 것이다. 즉 중도를 가지고 각 분야에 적용하기 위해 노력해야 하는 것이다.

사실 지금까지 좌우 균형이 잘 이루어지지 않고 우로 치우쳐 있었기 때문에 균형을 찾는다는 것이 쉬운 일은 아닐 것이다. 그렇지만 이런 통치의 원리를 아는 것과 모르는 것의 차이는 큰 것이다.

또 동양에서의 좌우론의 결론을 맺으려면 창업創業과 수성守成까지 병행하여 논해야 하는 것이다.

창업이란 국가나 사업을 세우는 기초를 다지는 사업이고, 수성은 건립된 국가를 어떻게 잘 발전시켜 오래도록 유지하여 가느냐가 핵심이다.

『정관정요貞觀政要』에는 당태종唐太宗이 주위의 신하들에게 묻기를

"제왕帝王의 사업에서 창업創業과 수성守成에서 어떤 것이 어려운 것인가?"라고 했다.

곧 창업이란 현대사회에서는 당을 창당하고 그 당이 집권을 하는 것이며, 수성守成이란 임기를 마치고 자신의 당이 다시 재집권을 하도록 해주는 일이다.

오른쪽을 높은 것으로 삼다

『사기』염파廉頗와 인상여藺相如전에는
"인상여의 공로를 높게 여기고 벼슬을 주어서 상경上卿으로 삼고 지위는 염파의 오른쪽에 있게 하다."고 했다.

『사기색은』(史記索隱; 司馬貞)에 조사해 보니, 동훈董勳의 답례答禮에는 '직분이 높은 자는 위(上)에 있게 하고 직분이 낮은 자는 아래(下)에 있게 했는데, 이 때문에 하천下遷을 좌천左遷으로 한 것이다.'고 했다.

『사기정의』(史記正義; 張守節)에는 '진秦, 한漢의 이전에는 오른쪽을 사용해 높은 것으로 삼았다.'고 했다.

주周나라의 주공周公이 좌左를 높인 이래 진秦과 한漢이 무력으로 천하를 지배하면서 우右를 높였으며, 한漢이 안정되고 문반(文班; 학자)이 자리를 잡으면서 다시 좌左를 높이 게 되었다.

그 후에도 좌우는 태평성세나 혼란의 시대에 따라 높고 낮은 것이 다르게 되었다.

송宋나라 이후에는 문과 무의 위치가 정해지고 반열의 차이도 대체로 안정되었다고 할 수 있다.

우리의 조선조朝鮮朝에서는 문반文班과 무반武班으로 분리하여 그의 위치가 확고하게 자리 잡았다.

---

* 염파廉頗는 전국시대 조趙 나라의 어진 장수이며, 인상여藺相如와 더불어 문경지교刎頸之交를 맺었다.

* 인상여藺相如는 전국시대 조趙나라의 명신名臣이다. 진秦나라 소양왕昭襄王이 15개 성을 조나라의 화씨 벽和氏璧과 교환하고자 했을 때 사신으로 가서 소양왕의 간사한 계획을 간파하고 화씨 벽을 잘 간직하고 귀국했다. 뒤에 상경上卿이 되어 용장勇將인 염파와 문경지교로 사귀어 조나라를 융성하게 했다.

좌천의 유래

『사기』 장승상張丞相 열전列傳에는

"좌천左遷의 좌左는 아래(낮다)와 같다. 땅의 도道는 오른쪽을 높인다. 오른쪽은 귀하고 왼쪽은 천賤한 것이다. 그러므로 정돈한다고 이르는 것이며, 좌천으로 삼는 것이다."고 했다.

『사기색은史記索隱』에 조사해 보니 '제후왕표諸侯王表'에는 좌관左官의 율律이 있으며 위소韋昭는 말하기를 '좌左는 내려가는 데 있고 금지하여 얻지 못하면 내려가 제후왕諸侯王에게 벼슬한다.'고 했다. 그러므로 지도地道는 오른쪽을 높이는 것이다.

오른쪽은 귀하고 왼쪽은 천하다. 그러므로 녹봉을 떨어뜨리는 것을 일러 좌천左遷이라고 이르며, 다른 모든 종류가 이와 같다고 했다.

이것은 좌천左遷과 우천右遷에 대해 말한 것이다.

좌천左遷이란 파직시키지 않고 녹봉을 줄여서 직책을 맡기는 것으로, 근신하고 공적을 쌓으면 다시 승진하는 기회를 부여하는 것이다. 이런 점에서 좌천은 또 한 번의 기회를 주는 것이기도 하다.

우천右遷은 승진하는 것인데, 오르는 자리는 승상까지이며 그 이상은 더 오를 수가 없다. 또 승상의 자리는 계속 밑에서 밀고 올라오는 관리들이 있어 그의 자리는 항상 불안하다.

한편 크게 등용하기 위해서 일부러 좌천하여 지방의 정치를 경험시키고 백성이 살아가는 상황도 인식시키는 경우도 많았다.

좌左와 우右의 실체

『관자』백심白心편에는
"좌左란 밖으로 나가는 것이다. 우右는 안으로 들어오는 것이다.
밖으로 나가는 자는 남을 손상시키지 않는다. 안으로 들어오는 자
는 스스로를 손상시키는 것이다."고 했다.

밖으로 나간다는 것은 지위가 낮아져서 외직으로 나가는 것으로,
자신을 조신하여 몸을 삼가고 좋은 일을 계획하여 공적을 이루고
자 하기 때문에 남을 손상시키지 않는 것이다.

안으로 들어온다는 것은 승진하여 높은 지위에 오르는 것으로,
공적을 쌓기 위해 백성들을 수탈해야 하기 때문에 자기 자신을
손상시키는 일을 하는 것이다. 관리는 승진을 위해서는 자신의 군
주를 위한 공적을 쌓아야 하고, 그 공로를 쌓기 위해서는 백성들
을 핍박하여 많은 실적을 올려야 한다. 곧 모시는 자를 위해 일을
하는 것으로, 많은 부역을 부과하거나 세금을 과다하게 걷다 보면
그 해가 결국에는 자신에게 돌아온다는 뜻이다.

동원東苑이라고 명명한 이유는

『백호통』에는

"동원東苑의 원苑을 동東이라고 한 까닭은 무엇입니까? 대개 동방東方은 사물이 생겨나는 까닭으로써 그러한 것이다."라고 했다.

동양의 오행론五行論으로 살펴보자.

동방東方은 청룡靑龍이고 오색五色에서는 청靑이며 오상五常에서는 인仁이고 사계절에서는 춘(春; 봄)이다. 곧 모든 사물이 태어나는 곳이고, 또 모든 사물이 시작하는 곳이기도 한 것이다.

서방(西方; 서쪽)은 백호白虎이고 오색에서는 백白이며 오상에서는 의義이고 사계절에서는 추(秋; 가을)이다. 가을은 결실을 수확하는 곳이기도 한 것이다.

남방(南方; 남쪽)은 주작朱雀이고 오색에서는 적赤이며 오상에서는 예禮이고 사계절에서는 하(夏; 여름)이다. 모든 사물이 성장하는 곳이기도 한 것이다.

북방(北方; 북쪽)은 현무玄武이고 오색에서는 흑黑이며 오상에서는 지智이고 사계절에서는 동(冬; 겨울)이다. 모든 사물들을 저장하는 방향이기도 한 것이다.

중앙中央은 황룡黃龍이고 오색에서는 황黃이며 오상에서는 신信이고 사계절에서는 중하(仲夏; 한여름)이다. 모든 사물들을 통제하여 운용하는 곳이기도 한 것이다.

---

* 『백호통白虎通』은 『백호통의白虎通義』의 약칭이며 총 4권으로 되어 있다. 후한의 장제章帝가 여러 학자를 백호관白虎觀에 모아 놓고 오경五經의 동이同異를 변정辨正하고 토론케 한 것들을 반고班固가 찬집撰集한 것이다.

고전을 읽는 데 도움이 되는 일상적인 상식

〜

고전古典을 읽거나 역사서를 읽거나 관상서觀相書, 명가名家, 술가術家의 잡서雜書를 접하거나, 또는 공부를 하려면 반드시 알아야 하는 일상적인 단어들이 있다.

삼합三合, 천간天干, 지지地支, 오행五行, 오상五常, 오성五星, 오음五音, 오미五味, 사유四維, 사시四時, 팔괘八卦, 팔괘방향八卦方向, 천간天干의 오행五行과 방향배합, 오행과 천간의 배합, 지지地支와 12월의 배합, 오행상생五行相生, 오행상극五行相剋, 양신陽神, 음귀陰鬼 등등을 알아야 한다.

아래는 술가術家의 서서를 배우려면 기본적으로 알아야 할 것들을 정리해 본 것이다.

* 천간天干: 갑甲 을乙 병丙 정丁 무戊 기己 경庚 신申 임壬 계癸이다.
* 지지地支: 자子 축丑 인寅 묘卯 진辰 사巳 오午 미未 신申 유酉 술戌 해亥이다.

천간天干을 여섯 번 반복하고 지지地支를 다섯 번 서로 반복하게 하면 60갑자甲子가 이루어진다.

* 오행五行: 수水 화火 목木 금金 토土이다.

* 오상五常: 인仁 의義 예禮 지智 신信이다.

* 오성五星: 목성(木星; 歲星) 화성(火星; 熒惑星) 토성(土星; 鎭星) 금성(金星; 啟明星; 長庚星) 수성(水星; 辰星)이다.

* 오음五音: 궁宮 상商 각角 치徵 우羽이다.

* 오미五味: 신辛 산酸 함鹹 고苦 감甘이다.

* 사유四維: 건(乾; 西北) 곤(坤; 西南) 간(艮; 東北) 손(巽; 東南)이다.

* 사시四時: 춘春 하夏〔중하; 仲夏〕추秋 동冬이다.

* 삼합三合: 천天 지地 인人이다,

* 육합六合: 상上 하下 동東 서西 남南 북北이다.

* 팔괘八卦: 건乾 태兌 이離 진震 손巽 감坎 간艮 곤坤이다.
〔팔괘에 복괘復卦가 이루어지고 각 괘마다 여덟 번씩 변하면 64괘六十四卦가 이루어지는 것이다.〕

* 팔괘방향八卦方向: 건(乾; 西北) 감(坎; 北) 간(艮; 東北) 진(震; 東) 손(巽; 東南) 이(離; 南) 곤(坤; 西南) 태(兌; 西)이다.

* 천간天干의 오행과 방향의 배합: 갑을(甲乙; 木東) 병정(丁丙; 火南) 무기(戊己; 土 中央) 경신(庚申; 金西), 임계(壬癸; 水北)이다,

* 오행과 천간의 배합: 토(土; 辰巳丑寅未申戌亥) 수(水; 子) 화(火; 午) 목(木; 卯) 금(金; 酉)이다.

* 지지地支와 12월十二月의 배합: 인(寅; 正月), 묘(卯; 二月), 진(辰; 三月), 사(巳; 四月). 오(午; 五月), 미(未; 六月), 신(申; 七月), 유(酉; 八月), 술(戌; 九月), 해(亥; 十月), 자(子; 十一月), 축(丑; 十二月)이

된다.

* 오행상생五行相生: 목생화木生火, 화생토火生土, 토생금土生金, 금
  생수金生水, 수생목水生木

  〔목(木; 나무)은 화(火; 불)를 낳고 화〔불〕는 토(土; 흙)를 낳고 토〔흙〕는 금
  (金; 쇠)을 낳고 금〔쇠〕은 수(水; 물)를 낳고 수〔물〕는 목(木; 나무)를 낳는다
  는 오행 상생의 논리이다.〕

* 오행상극五行相剋: 목극토木剋土, 토극수土剋水, 수극화水剋火, 화
  극금火剋金, 금극목金剋木

  〔목(木; 나무)은 토(土; 흙)를 이기고 토土는 수(水; 물)를 이기고 수水는 화
  (火; 불)를 이기고 화(火)는 금(金; 쇠)을 이기고 금金은 목木을 이기는 것
  이 오행상극의 논리이다.〕

* 양음陽陰: 양=양신陽神, 음=음귀陰鬼
* 양신陽神: 인간에게 복을 내리는 신神
* 음귀陰鬼: 인간에게 재앙을 내리는 귀鬼

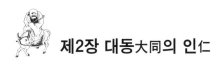

제2장 대동大同의 인仁

인仁이란 무엇인가?

『논어』 안연顔淵편에 나오는 이야기다.

안연이 인仁에 대하여 물었다.

공자가 말했다.

"자신의 사사로운 욕심을 누르고 예로 돌아가는 것(克己復禮)이 인仁이다. 단 하루만이라도 자신의 사사로운 욕심을 이기고 예로 돌아간다면 온 천하는 인으로 복귀할 것이다. 인을 행하는 것은 나로부터 시작하는 것이지 남으로부터 시작하는 것이겠느냐!"

안연이 다시 물었다.

"그 하나하나의 조목을 청하여 묻겠습니다."

공자가 말했다.

"예禮가 아닌 것은 보지 말 것이며, 예가 아닌 것은 듣지 말 것이며, 예가 아닌 것은 말하지 말 것이며, 예가 아닌 것은 행하지 말라."

안연이 말했다.

"이 안회가 비록 민첩하지 못하오나 이 말씀을 실천할 것을 아룁니다."

인仁에 대한 공자孔子의 가르침에 대해 송宋나라 주희朱熹는 '인설도仁說圖'를 지어서 말했다.

"인仁이라는 것은 '하늘과 땅이 만물을 태어나게 하는 마음'을 얻어서 마음으로 삼은 것이다. 상태가 발동하기 전에는 4가지 덕(德; 元亨利貞)이 갖춰져 있고, 그 가운데에서 오직 인仁만이 4가지 덕의 의미를 포용하고 있다. 그러므로 인은 모든 것을 포용하여 기르고 온전하게 하여 거느리지 아니하는 것이 없다.

이른바 삶의 성性이며 사랑하는 것의 이치는 인仁의 본체인 것이다.

인이 이미 발동한 순간 측은하고 부끄러워하고 미워하고 사양하고 옳고 그른 마음이 나타나는데, 오직 측은한 마음만이 사단(四端; 仁義禮智)을 일관하는 것이다.

이와 같이 두루 흘러서 모두 관철하여 통하지 않는 것이 없다. 이것이 이른바 성性의 정情이며 사랑의 발현으로 인仁의 용(用; 쓰임새)이다.

전체적으로 말하면 발동되지 아니하는 상태를 본체라고 하고, 이미 발동되어 있는 상태를 쓰이는 작용이라고 한다. 또 단편적으로 말한다면 인仁은 본체이고 측은惻隱은 쓰이는 작용인 것이다.

공적公的이라는 것은 인을 체득한 것으로서 '자신을 극복하고 예로 돌아가는 것'과 같은 것이다. 대개 공적公的이라는 것은 곧 인仁이며, 인이라는 것은 곧 사랑이며, 효도와 공손은 그의 작용이다. 동정심은 그 인을 베푸는 것이요, 알고 깨닫는 것은 인을 아는 것이다."

다시 말했다.

"하늘과 땅의 마음은 그 덕이 4가지가 있는데 그것을 원元, 형亨, 이利, 정貞이라고 하며, 원元은 4가지를 통하지 않는 것이 없다.

원형이정이 운행되면 봄, 여름, 가을, 겨울의 차례가 되며, 봄의 생명의 기운은 또 4가지를 관통하지 않는 것이 없다.

그러므로 사람의 마음에도 그 덕이 또한 4가지가 있는데 이것을 이른바 인의예지仁義禮智라고 하며, 인仁이 곧 이 4가지를 다 포용하지 않는 것이 없다. 또 인의예지는 발동하여 작용하면 사랑〔愛〕하고, 두려워〔恐〕하며, 마땅하게 여기고〔義; 宜〕, 분별〔別〕하는 정이 되는데, 이는 측은한 마음으로 관통되지 않는 것이 없다.

대개 인仁의 도道가 되는 것은, 이 하늘과 땅의 만물을 태어나게 하는 마음을 모든 만물에게도 존재케 하는 것이다.

정情이 발동되지 않았을 때에는 이 본체에 모두 갖추어져 있고, 정이 이미 발동하게 되면 그의 작용은 무궁무진하게 되는 것이다.

진실로 인을 체득하여 잘 보존시키면 모든 선의 근원이 되고, 모든 행동의 근본이 이 속에 있지 않는 것이 없게 되는 것이다.

이것은 공자의 문하에서 가르치는 것이며, 또 반드시 배우는 사람들로 하여금 인을 구하는 데 쉬지 않고 힘쓰도록 하는 것이다.

공자가 '자신의 사욕을 누르고 예절로 돌아가는 것이 인이다.' 고 말한 것은, 능히 자신의 사사로운 것을 이겨 없애고 하늘의 이치로 돌아간다면 이 마음의 본체가 존재하지 아니함이 없고 이 마음의 작용도 행하지 아니하는 것이 없다는 것을 뜻한 것이다.

또 '집안에 있을 때는 공손하고 일을 맡았을 때에는 정성스럽게 하며 사람과 어울릴 때에는 충실해야 한다.'고 한 것은 또한 이 마음을 보존하는 것이다.

또 '어버이를 섬기는 데에는 효도로써 하고, 형을 섬기는 데에는 공손으로써 하며, 사물에 있어서는 동정심을 베푼다.'라고 한 것은 또한 이 마음으로 행동하라는 뜻이다.

그렇다면 이 마음이란 어떠한 마음인가?

천지天地에 있어서는 한없이 넓은 것으로써 만물을 태어나게 하는 마음이고, 사람에게 있어서는 따뜻한 정으로 사람을 사랑하고 사물을 이롭게 하는 마음이다.

원형이정元亨利貞의 4덕四德을 포괄하고 인의예지仁義禮智의 4단四端을 꿰뚫고 있는 것이다.

어떤 사람이 말하기를 '그대의 말과 같다면 정자程子께서 이른바「사랑은 정情이고 인仁은 성性이다.」라고 했는데, 사랑으로서 인仁이라고 이름한다는 것은 잘못된 것이 아니겠는가?'라고 했다.

주희가 대답하기를 '그렇지 않소. 정자程子께서 말한 것은 사랑이 발동한 것을 인仁이라 이름 지은 것이고 나는 '사랑하는 이치로서 인仁이라고 이름을 지은 것이다. 대개 이른바 정情과 성性이라고 하는 것은 비록 그 나누어지는 영역이 동일하지 않지만, 그러나 그 맥락은 서로 통하고 각각 그 소속된 것은 한가지인데 어찌 일찍 서로 관계를 끊고 서로 관계하지 못하겠는가?

우리 주위의 병든 학자들은 정자程子의 말만을 외우고 그 기본 뜻을 구하지 아니하며 끝내는 아주 다르게 사랑을 떠나서 인을 말하는 데 이르고 있다.

특별히 이러한 논란을 벌여 그 끼친 뜻을 밝히며 그대가 정자의 설명과 다르다고 한다. 이 또한 잘못된 것이 아니겠는가?

그렇다면 정자의 제자들이 '만물이 나와 더불어 하나가 된 것이 인의 본체가 된다.'고 하는 사람이 있고, 또한 '마음이 있으므로 알고 깨닫는 것이 있다.'는 것으로 인의 이름을 해석하는 사람도 있는데, 이러한 것도 틀렸다는 것인가?

'만물과 내가 하나가 된다.'는 것으로 인을 말한 것은, 인이란 사랑하지 않는 것이 없다는 것만으로 본 것이고 인이 모체가 되는 진실은 아니라고 할 것이다.

'마음에서 알고 깨달음이 있다.'고 말한 것은 인이 지혜〔智〕를 포용한 것이지만 인의 이름을 얻은 실상을 말한 것은 아닌 것이다.

공자가 자공子貢에게 대답한 '널리 베풀고 대중을 구제하는 것'에 대한 질문이나 정자程子의 이른바 '지각知覺이라는 것은 인으로 해석할 수가 없는 것이다.'고 한 것에서 볼 수 있는 것이다. 그대는 어찌 이것으로써 인을 논할 수 있겠는가!"

주희의 '인설도仁說圖'에 대해 이황李滉은 "주희朱熹의 '인설도'는 인仁의 도를 명백하게 밝힌 것이며 다시 더 설명을 붙일 수가 없다. 『대학大學』의 전傳에 '사람들의 임금이 되어서는 인에 머무른다.'고 했다. 지금 옛 제왕의 마음을 전달하고 인을 체현한 미묘한 이치를 구하고자 한다면 어찌 위와 같은 의미에 뜻을 두지 아니하겠는가?"라고 말했다.

仁說圖

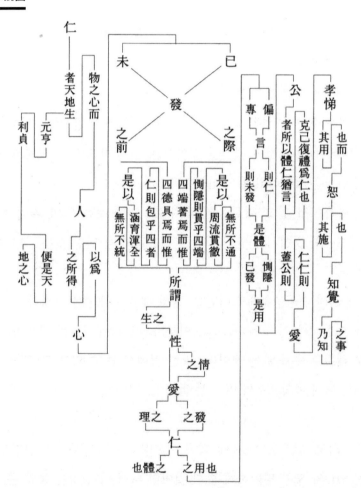

인仁이란 덕의 모체이고, 덕은 인의 작용이라 할 것이다. 그러므로 인은 대동大同으로 가는 길의 시작이며, 그 첫 번째가 서로 친親하게 되는 것이다.

친하게 된다는 것은 가까이 하는 것이다. 가까이 한다는 것은 우의가 두텁게 되어 아주 친하게 되는 것이다. 이웃의 사람들이 두텁게 친하고 가까이 한다는 것은 국경이 없이 모두가 이웃이 되었다는 것이다. 국경이 없이 이웃이 되었다는 것은 천하가 이웃이 되었다는 것이며, 곧 천하가 하나로 통한다는 것이다.

천하가 하나로 통한다는 것은 천하가 태평해졌다는 것을 뜻하는 것이다. 천하가 태평해졌다는 것은 살기 좋은 세상이 되었다는 것이다.

이로써 인을 행하는 것은 나로부터 시작하여 남에게 말미암는 대동大同의 시작인 것이다. 나로부터 자신을 극복하고 예로 돌아가 남에게도 말미암게 하는 것을 말한 것이다.

그러므로 『논어』 옹야雍也편에는 "인仁한 사람은 자신이 서고자 할 때는 남을 먼저 서게 해 주고, 자신이 통달하고자 할 때에는 남도 통달하도록 해 주는 것이다.〔己欲立而立人 己欲達而達人〕'고 말했다.

또 인仁은 그의 글자를 파자(破字)하면 이(二; 陰陽)와 인(人; 사람)이 합하여 하나의 글자로 이루어진 것이다. 곧 음양(陰陽; 天地)과 사람이 어우어진 천지인天地人이 합하여 만들어진 글자이다. 천지인이 합했다는 것은 자연계自然界가 자연계의 법칙대로 운행되어 순환한다는 현상을 말하는 것이다.

천하의 사람들이 이웃이 되고 자연계가 자연의 법칙으로 운행되는 이러한 세상을 살기 좋은 세상이라고 하며, 이러한 것을 또 대동으로 가는 길이며 태평성세가 이루어지는 길이라고 하는 것이다.

그러므로 인仁을 베푸는 것은 사람들을 편안하게 하는 것이며 국가를 대동으로 단결시키는 거대한 일인 것이다. 이러한 사회를 인이 행해진 사회라고 하고, 국가는 대동하는 국가라고 하는 것이다.

안연顔淵은 공자의 수제자였다.

공자는 인仁의 시작은 극기克己 복례復禮함으로부터 수신修身이 이루어지고 인仁이 되는 것이며 또 그것이 천하에 미치어 대동사회大同社會가 된다는 것을 은연중 수제자에게 깨우쳐 준 것이다.

---

* 『논어』는 4서四書의 하나이며 20편으로 되어 있다. 공자孔子와 그의 제자, 또는 당시의 사람들과 문답한 말이나 제자들끼리 주고받은 말들을 공자 사후에 그의 제자들이 편수한 것이다.

인仁으로 돌아가는 방법은

송宋나라의 정이程頤가 말했다.

"안연顔淵이 자신의 사사로운 욕심을 억제하고 예로 돌아가는 조목을 물었을 때 공자께서 대답하기를 '예禮가 아닌 것은 보지 말 것이며, 예가 아닌 것은 듣지 말 것이며, 예가 아닌 것은 말하지 말 것이며, 예가 아닌 것은 행하지 말라.'고 했다.

이 보고, 듣고, 말하고, 행동하는 네 가지 조목은 신체의 작용이다. 이 작용은 마음속에서 나와 밖의 모든 사물에 응하는 것이다. 이를 밖에서 제재하여 그의 마음을 기르는 것이다.

안연은 이 말씀을 자신의 일상의 일로 삼아서 성인聖人으로 나아간 바였다.

뒤에 성인이 되려고 학습하는 자는 마땅히 가슴속에 깊이 새겨 잃지 않아야 할 것이다. 따라서 잠(箴; 훈계)으로 삼을 것을 만들어 스스로를 경계할 것이다."

이에 시視, 청聽, 언言, 동動의 잠箴을 지었다.

시잠視箴에서 말했다.

"마음은 본래 비어 있다. 사물이 응해도 그 자취는 없다. 가지는 것에 중요한 것이 있는데, 눈으로 보는 것을 법칙으로 삼는 것이다. 사물과 사귀어 앞을 가리게 되면 그 중심은 옮기게 되는 것이다. 밖에서 그것을 제재해야 그 안에서 편안한 것이다. 자신의 사욕을 극복하고 예로 돌아가게 된 뒤에 한참을 지나면 진실해지는 것이다."

청잠聽箴에서 말했다.

"사람이 떳떳한 도道를 지키는 것이 있는 것은 타고난 성품에 근본을 한 것이다. 사물의 변화에 유혹되는 것을 알면 드디어 그의 바른 것을 잃게 된다. 저 높이 먼저 깨달은 사람은 머무르는 곳을 알고 마음을 정한 것이 있다. 사특한 것을 막고 진실한 것을 보존시켜 예가 아닌 것은 듣지 않는 것이다."

언잠言箴에서 말했다.

"사람의 마음이 요동하는 것은 자신의 말을 따라서 베풀어지는 것이다. 발언에 조급하고 허망된 것을 금지시켜야 마음속이 이에 진정되어 전일하게 된다. 하물며 말이란 일의 중요한 기틀이다. 전쟁을 일으키기도 하고 좋은 일을 만들어내기도 하는 것이다. 길吉하고 흉凶하고 영화하고 치욕스런 것들을 오직 자신이 부르는 것이다. 경박한 것에 손상되면 허탄해지고 번다한 것에 손상되면 지리멸렬해진다. 자신이 방자하면 남이 증오하며, 가는 말이 어그러지

면 오는 말도 아름답지 못한 것이다. 법이 아니면 말하지 않는 것
이니 가르치는 말을 공경할 지어다."

동잠動箴에서 말했다.
"철인(哲人; 높은 식견과 도리에 밝은 사람)은 활동하려는 기미를 알고
마음의 생각을 진실하게 하는 것이다. 지사(志士; 절의가 있는 선비)
는 행동하는 것을 힘써서 행동할 때 정도를 지키는 것이다. 이치를
따르면 여유가 있고 욕심을 따르면 위태해지는 것이다. 잠깐 사이
에도 능히 생각하고 조심조심하여 스스로를 지켜야 하는 것이다.
몸에 익히는 것이 성품과 함께 이루어지면 성인聖人이나 현인賢人
이나 동일한 곳으로 돌아갈 것이다."

정이程頤는 『대학大學』의 격물格物, 치지致知, 성의誠意, 정심正心,
수신修身의 공부를 더 자세하게 부연했다고 여겨진다.

『대학』의 경문經文은 공자가 저술하고 전문傳文은 공자의 제자
인 증삼曾參이 지은 것이다. 『대학』은 삼강령三綱領, 팔조목八條目
으로 구성되어 있다.

삼강령은 명명덕, 신민, 지어지선이다.

첫째, 명명덕明明德은 자신이 하늘에서 부여 받은 밝은 덕〔明德〕,
곧 천성天性을 밝히는 것이며, 그것의 공부는 격물, 치지, 성의, 정
심, 수신까지의 공부를 뜻하는 것이다.

둘째, 신민(新民; 親民)은 자신의 명덕明德을 밝힌 것으로, 백성들을 가르쳐 새롭게 풍속을 진작시켜 백성들을 교화하는 일이다.

셋째, 지어지선止於至善은 자신의 갈고 닦은 밝은 덕으로 백성들을 진작하고 교화시켜 모든 백성들이 자신의 터전에서 편안한 삶을 누리게 하는 지상의 낙원을 이루는 일이다.

팔조목은 격물, 치지, 성의, 정심, 수신, 제가, 치국, 평천하이다.

첫 번째 공부는 격물格物이다. 격물이란 사물의 이치에 접하는 것이다. 학문으로 사물과 접촉하여 그 이치를 파악하는 것이다.

두 번째 공부는 치지致知이다. 치지란 격물에 이르러 이치를 파악한 것들을 머리 안에 저장시켜 아는 것에 이르고 모든 사물에 대해 통달하게 되는 것이다. 곧 사물의 지식에 통달하는 것이다.

세 번째 공부는 성의誠意이다. 성의는 마음이 발동하는 바를 진실하게 하는 것이다. 곧 모든 사물에 통달하고, 사물과 접촉할 때에 발동되는 사심私心을 억제하고 공심(公心; 참된 마음)만이 발동하게 하여 자신의 뜻을 진실하게 하려고 노력하는 것이다.

네 번째 공부는 정심正心이다. 정심이란 성의誠意에서 사심을 억제하고 공심을 발로시켜 모든 일에 항상 공심으로만 자신의 마음을 주관케 하는 공부인 것이다. 곧, 그 가슴에는 중용中庸을 가지고 사물을 주관하는 데 마음이 사사로운 마음에 흔들림이 없게 하는 일이며 극기복례克己復禮의 공부이다.

다섯 번째는 수신修身이다. 수신이란 격물, 치지, 성의, 정심의 공부를 완성시키고 자신의 행동에도 공자가 말한 시청언동視聽言

動을 잘 이행하고 닦는 것이다. 자신의 몸을 잘 갈고 닦는 것은 위의 격물, 치지, 성의, 정심의 공부가 잘 성취되어 닦여져야 성취되는 것이며 곧 수신이 되는 것이다. 극기복례의 공부가 완성된 것이다. 수신이 되면 완벽한 지도자로서 현인賢人이나 성인聖人의 반열에 오르는 것이다.

여섯 번째는 제가齋家이다. 제가는 자신의 가정을 평화롭게 하는 것이다. 현인이나 성인의 반열에 오르면 가정이나 친척의 화목도 이끌어 제가도 자연스럽게 성취되는 것이다.

일곱 번째는 치국治國이다. 치국은 국가를 다스리는 사업이다. 현인이나 성인으로서 국가를 다스린다면 국가에는 인정仁政이 시행되어 국민의 화합이 이루어지고 태평한 국가로 나아가는 것이다.

여덟 번째는 평천하平天下이다. 자신의 국가를 잘 다스리면 그의 치적이 이웃나라에까지 덕화德化가 미친다. 이에 차츰차츰 넓어져 온 천하에까지 인정仁政이 시행되는 데 이르며, 이렇게 되면 세계의 평화가 이루어고 대동사회大同社會가 된다는 뜻이다.

이것이 『대학』의 삼강령과 팔조목의 요체要諦이다.

이로써 송나라의 주희朱熹는 "정자(程子; 頤)의 시청언동視聽言動의 잠箴은 공자의 인仁을 발명發明시킨 것이 간절하여 학자學者들이 더욱 깊이 완미玩味하는 것이 마땅할 것이다."고 부연한 것이다.

『시경』에서 말한다.

"자르는 듯 다듬는 듯하고 쪼아내는 듯 가는 듯하며
엄밀하고 꿋꿋하며 뚜렷이 빛나고 성대하니
문채가 빛나는 군자여! 마침내 잊을 길이 없구나."

---

* 안연顔淵의 이름은 회回이고, 공자의 제자 가운데 뛰어난 10철十哲에
  서도 으뜸인 수제자首弟子이다.
* 정이程頤는 북송北宋의 대유학자로, 자는 정숙正淑이고 호는 이천伊川
  이다. 형인 정호(程顥; 明道)와 더불어 주돈이(周敦頤; 濂溪)의 문인이
  다. 처음으로 이기理氣의 철학을 제창하고 유학의 도덕에 철학적 기
  초를 부여했다.
* 주희朱熹는 남송南宋의 대유학자大儒學者로, 자는 원회元晦 또는 중회
  仲晦이다. 경학經學에 정통하고 송학宋學을 집대성했다. 그의 주자학
  朱子學은 조선조 유학儒學에 지대한 영향을 끼쳤다.

인仁은 마음의 덕이고 사랑의 이치이다

『맹자』양혜왕梁惠王 상편의 주자(朱子; 熹) 집주集註에는 "인(仁; 도덕의 극치)은 사람의 마음의 덕(德; 은혜를 베푸는 것)이고 사랑하는 이치이다. 의(義; 사리의 옳은 것)는 마음의 제(制; 정함)이고 일의 마땅한 것이다."고 했다.

인仁은 도덕의 극치極致이며, 사람이 마음으로 은혜를 베푸는 것이다.

주희朱熹는 『맹자』의 인仁의 주석에서 "마음의 덕이고 사랑하는 이치이다."고 했다.

인仁 자를 파자破字해 보면 인人과 이二가 결합한, 곧 천지인(天: 陽, 地: 陰, 人)이 합해진 글자라는 것을 앞에서 언급했다.

유학에서 인仁이란 모든 사물의 핵(核; 씨)이며, 곧 씨가 발아하는 것을 인의 시발이라고 한다.

또 남녀(男女; 陰陽)가 결합하여 하나가 된 것이며, 곧 부부夫婦는 '인仁의 출발이라고도 한다.'고 했다.

또 참는 것을 인(仁; 忍)의 시작이라고도 하는데, 이는 씨앗이 만들어지려면 오랜 시간 인내하여야 하고, 발아할 때도 고통을 견디고 성취되는 것과 같은 것을 말한 것이다. 씨앗은 엄동설한을 참고 견디며 발아하여 자라서 화려한 꽃을 피운다. 그리고 다시 씨앗을 맺으니, 이 과정이 인이 반복하는 귀착점인 것이다.

의義는 사물의 이치의 옳은 것을 마음으로 정하여 일에 마땅하게 하는 것이다. 주희는 의義의 주석을 "마음의 제재이고 일의 마땅한 것이다."고 했다. 곧 의義란 모든 사물의 이치에서 중용中庸을 가지고 판단하여 옳고 그른 것을 정하고 그 일마다 마땅한 것만을 시행하는 것을 뜻한 것이다.

『강희자전康熙字典』에는 "인仁은 인(忍; 참는다)"이라 했고, 『형음자전形音字典』에는 "인仁은 후친(厚親; 두텁게 친하다)이다."고 했다.

또 『주역』의 건괘乾卦에는 "군자君子는 인仁을 본받아 사람의 어른이 되는데 족하다."고 했고 『예기』의 예운禮運편에는 "인仁이란 의義의 근본이고 순화順和의 본체本體이다."고 했다.

---

* 맹자孟子는 이름이 가軻이고 자는 자여子輿이며 전국시대 노魯나라 사람이다. 자사(子思; 공자의 손자)의 문인에게 학업을 받았다. 『맹자孟子』 7편을 저술하여 왕도王道와 인의仁義를 존중하고 성선설性善說을 주창했으며, 공자 다음으로 아성亞聖이라고 칭한다.

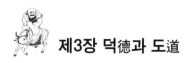

제3장 덕德과 도道

덕德이란 무엇인가?

『서경書經』의 홍범洪範편에는 백성을 다스리는 데는 '세 가지의 덕〔三德〕'이 있다고 했다.

"삼덕三德이란 정직正直하고 강극剛克하고 유극柔克한 것이다.

바르고 온화한 것은 바르고 곧은 것으로 백성을 다스리는 것이다.〔正直〕

강彊하여 따르지 않으면 강剛으로 다스리고, 화락하여 따르면 부드러운 것으로 다스리는 것이다.〔剛克〕

너무나 유순한 자는 강剛으로 다스리고, 뜻이 높고 사리가 밝은 자는 부드러운 것으로 다스리는 것이다.〔柔克〕"

하늘의 덕은 정직正直한 것이다.

정직한 것이란 편안하고 편안하게 하는 것이다. 편안한 곳에서는 올바르고 곧은 것만으로 만백성을 다스린다. 이것을 하늘의 덕德이라고 말하는 것이다.

땅의 덕은 강극剛克한 것이다.

강극한 것이란 지조가 굳어 사욕私慾을 이치와 지혜로써 눌러 이기는 것이다. 이에 강하여 따르지 않는 것은 강剛한 것으로 다스리고, 화락하여 잘 따르면 부드러운 것으로 저들을 다스린다는 것이다. 이것을 땅의 덕이라고 말하는 것이다.

사람의 덕은 유극柔克한 것이다.

유극한 것이란 부드러운 것으로 이기는 것이다. 이는 너무나 유순한 사람은 강剛한 것으로 다스리고, 뜻이 높고 사리가 밝은 사람은 부드러운 것으로 다스리는 것이다. 이것을 사람의 덕이라고 말하는 것이다.

은殷나라의 기자箕子가 국가를 통치하는 데 있어 이 '세 가지 덕德'이 있음을 말하고, 세 가지 덕을 잘 조화시켜야 한다는 것을 주周 무왕武王에게 강조한 말이다.

덕德은 한마디로 요약한다면 '도덕道德'이며 곧 '행동에 바른 것을 얻다'이다.

덕德 자를 파자해 보면, 척彳과 직直과 일一과 심心자로 이루어져 있다.

척彳은 '조금 걷다'이며, 중인重人변이라고도 한다. 곧 정직을 한결같은 마음으로 삼기 때문에 모든 사람이 서서히 따라 간다는 뜻이다. 이 때문에 사람들이 '덕 있는 사람을 따른다'라고 하는 것이며, 또 '하늘은 덕이 있는 사람에게 천하를 주는 것'이라고 말하는 것이다.

또 덕은 기러기의 깃털보다도 가볍고 소리도 없고 냄새도 없다. 그러나 덕은 아무리 많이 쌓아도 한 번의 실수에 무너지고 산산이 흩어져 형체도 남지 않는 것이 덕의 실체이다.

그러므로 군자는 죽음에 이르러서도 자신을 삼가고 허물을 적게 하는 것이다.

『중용』의 집주集註에서 주희朱熹가 덕德의 실체를 '덕유여모(德輶如毛: 덕은 기러기 깃털보다 가볍다)'라고 한 것은, 덕의 실체를 형용한 것에 가까이 한 것이라고 했지만 '하늘의 일은 소리도 없고 냄새도 없다(無聲無臭)고 한 것에 이르러서야 덕을 형용한 실체에 가까이한 것이다'고 말했다.

곧 덕德을 한마디로 말한다면 주위를 편안하게 하는 것이다'로 요약할 수 있는 것이다.

또 덕은 대덕大德과 소덕小德이 있다.

대덕은 받는 사람이 보답하는 것이 어려운 것이다.

군주가 백성들을 편안하게 하고 생업에 즐거움을 갖도록 하는 인정仁政을 베푼 것이기 때문이다.

이 인정仁政에 백성이 보답하기란 어려운 것이다.

또 신하로써 멸망해 가는 국가를 구원한 공로도 대덕에 포함된다.

그런데 군주사회에서 너무 큰 대덕大德은 천명을 받지 못하면 자신의 목숨이 위험에 처한다. 이는 덕이 너무 거대하면 군주가 덕에 보답할 수 없기 때문이다.

그렇다고 국가를 수여授與할 수는 없는 것이며, 장차 자신의 지위마저 위험에 처할 수 있기 때문에 군주는 자신의 자리를 보전하려는 수단으로 국가에 지대한 공로로 명성이 있는 공신들을 처단하는 것이다.

이러한 예가 한漢나라의 한신韓信과 같은 사람이다.

소덕小德은 보통사람이 이웃을 돕거나 착한 일을 계속하는 것을 뜻한다. 소덕도 쌓고 쌓아 많아지면 대덕에 가까이 하는 것이다.

덕을 많이 쌓은 집안에서는 그 음덕陰德으로 반드시 한 시대의 지도자가 태어난다고 전해져 왔다. 옛말에는 '1대一代 동안 음덕을 쌓은 집안에는 황후가 태어나고, 3대三代 동안 음덕을 쌓은 집안에는 반드시 지도자가 난다.'고 했다.

이 때문에 대덕大德은 천명天命을 받는 데 이른다고 하는 것이다.

『시경』의 가락假樂의 시에서 말했다.

"위엄과 예의 늠름하여 어진 소문 계속 이어지네.

원망도 없고 증오도 없어. 어진 신하들이 따르네.

복 받음이 한이 없으니 온 세상의 기강이라네."

---

* 『서경』은 오경五經의 하나이다. 우虞, 하夏, 상商, 주周의 4대四代의 사실史實과 사상을 기록하여 1백 편으로 된 것을 공자가 산정刪定했다.

또 『상서尙書』라고도 하는데, 현재는 58편뿐이다.

* 『홍범洪範』은 하夏나라 우禹임금 때 낙수洛水에서 나온 신귀神龜의 등에 있었다는 구장九章의 문장이며, 천하를 다스리는 대법大法으로 삼은 것이다. 이『홍범』을 은나라의 기자箕子가 주 무왕周武王에게 진술한 것이라고 했다.

* 기자箕子는 은(殷: 商)나라 태사太師이며 주왕紂王의 숙부叔父이다. 주왕에게 자주 간하다가 잡혀 종이 되었다. 은나라가 멸망한 뒤에 도망하여 한사군(漢四郡; 樂浪, 玄菟, 臨屯, 眞蕃: 現 昌黎郡: 秦皇島)의 땅에 조선국朝鮮國을 세웠다. 기자는 중국의 창려군(낙랑군)에 조선국朝鮮國을 세운 것이고 평양에 있지 않았다.

육덕六德 · 육행六行 · 육례六藝

『주례』지관地官 대사도(大司徒; 鄕大夫; 卿)에는

"향鄕에서는 세 가지 일로서 백성을 가르치고 인재를 추천한다.

첫째는 육덕六德인데 지知, 인仁, 성聖, 의義, 충忠, 화和이다.

둘째는 육행六行인데 효孝, 우友, 목睦, 인婣, 임任, 휼恤이다.

셋째는 육예六藝인데 예禮, 악樂, 사射, 어御, 서書, 수數이다.

다섯 집을 비(比; 5家)라고 하고, 오비五比를 려(閭; 25家)라고 하고,

사려四閭를 족(族; 100家)이라고 하고, 오족五族을 당(黨; 500가)이

라고 하고, 오당五黨을 주(州; 2,500가)라고 하고, 오주五州를 향(鄕;

12,500家)이라고 한다."고 했다.

중국에서 옛날에는 고을에서도 육덕六德과 육행六行과 육예六藝로
서 인재를 추천하고 인재를 선발했다.

　육덕에서의 지知는 지식이고, 인仁은 도덕이다. 성聖은 인애仁
愛이고, 의義는 의로운 것이다. 충忠은 충성스러운 것이고, 화和는
화합하는 것이다.

육행에서의 효孝는 부모에게 효도하는 자이고, 우友는 형제 간에 우애하는 자이다. 목睦은 친족 간에 화목하는 자이고, 인婣은 혼인의 관계의 일이다. 임任은 맡은 일이고, 휼恤은 남을 구휼하는 것이다.

육예에서 예禮는 예절을 익히는 것이고, 악樂은 음악을 말한다. 사射는 활쏘기이고, 어御는 수레를 모는 것으로 지금의 운전이다. 서書는 글씨 쓰기이고, 수數는 수학을 말한다.

이상과 같이 옛날에는 인재를 선발하는 데 엄격한 기준이 적용되었다.

오늘날에는 시험으로 관리를 선발하고 인성에 대한 감상鑑賞은 면접으로 하고 있는데, 그 사람의 됨됨이를 면밀히 살필 수 없다. 현대에도 육덕, 육행, 육예를 기준하여 각각의 여섯 가지 조목으로 인재를 추천케 하고 그 속에서 인재를 선발한다면 좋은 방식이 될 듯하다.

이와 같은 것을 적용하여 공정公正한 잣대를 가지고 인성까지 갖춘 인재나 선수를 선발한다면 좋은 인성과 뛰어난 인재를 선발하는 것은 물론, 관료사회나 경영에서도 좋은 성적을 올리지 않을까 생각해 본다.

사회는 본래 불공정한 사회로 이루어진 것이다. 사회가 불공정하게 이루어졌기 때문에 그곳에는 공정한 잣대를 가지고 적용시키는 것이다. 또 지도자는 '중용中庸의 도道'인, 그의 공정한 잣대를 가지고 불공정한 사회에 적용하는 것이다.

현대의 문명사회라도 공정의 잣대를 가지고 사용한다는 것은 성인聖人이 아니고 보통사람으로서는 참으로 실행하기 어려운 일이다. 성인聖人이라도 실행하는 것이 어려운 것이 공정인데, 하물며 성인이 아니고서야 보통사람들이 공정을 적용한다는 것이 그리 쉬운 일이겠는가!

부정不正은 어느 곳에나 찾아 들기 마련이고, 담당자의 정실情實은 항상 어느 곳에서나 개입할 소지가 있는 것이다. 지도자들이 공정, 공정을 외치지만 막상 자신이 몸소 임무에 임하게 되면 공정의 잣대를 적용하는 것에, 자신의 정실을 떨쳐내고 적용하는 일이 그리 쉬운 일이겠는가!

참으로 어려운 것이 공정의 잣대를 적용하는 일이다.

그런데 오늘날의 정치인들이 공정의 뜻을 이해하고 사용하는 것인지 의문이 든다. 사회를 공정하게 한다는 말은 하느님도 못하는 일이다. 하느님도 못하는 일을 정치인들이 공정이라는 말을 아주 쉽게 아무 곳에나 적합하지 않는 곳에 멋대로 사용하고 있지 않는 것인가!

공정公正이란 성인聖人도 어렵게 여기는 것이다.

---

* 『주례周禮』: 42권으로 되어 있고 주관周官이라고도 한다. 천지天地와 춘하추동春夏秋冬을 상징하여, 천관天官, 지관地官, 춘관春官, 하관夏官, 추관秋官, 동관冬官의 여섯 관직으로 나누어 이에 속하는 직분의 관장을 자세히 기록했다. 『주관周官』이라고 불리기도 한다.

교학상장教學相長이란

『예기』의 학기學記편에는

"옥玉은 쪼지 않으면 그릇을 만들지 못하고, 사람은 배우지 않으면 도道를 알지 못하는 것이다. 이런 까닭에 옛날의 성왕聖王이 나라를 세우고 백성의 임금이 되어서는 가르치고 배우게 하는 것을 가장 먼저 하는 일로 삼았다.

『서경書經』의 열명說命편에는 '처음부터 끝까지 언제나 배우는 것을 힘쓴다.'고 한 것은 이러한 것을 이르는 것이다!

비록 맛 좋은 음식이 있더라도 먹어 보지 않고는 그의 맛을 알지 못하며, 비록 지극한 도리가 있더라도 배우지 않으면 그것이 좋다는 것을 알지 못하는 것이다. 이런 까닭으로 배우고 난 뒤에라야 지혜가 모자라는 것을 알고, 가르쳐 본 뒤에라야 가르침의 어려운 것을 알게 되는 것이다.

아는 것이 모자란다는 것을 안 연후에야 능력을 스스로 반성하고, 가르치는 것이 어렵다는 것을 안 연후에야 능히 스스로 힘쓰는 것이다. 그러므로 '가르치고 배우는 것이 서로 도움이 되는 것이다.〔教學相長〕'고 했다. 열명편에 '가르치는 것은 그 절반을 배우는 것이다.'고 한 것은 이러한 것을 두고 이른 말이다."고 했다.

배우고 몸에 익히지 않으면 학문은 성취되지 않는다. 배운 것을 내 것으로 익히는 것은 옥을 쪼아서 그릇을 만드는 일과 같다고 했다.

배운다는 것은 음식을 먹어 보는 것과 같고, 음식을 먹고 맛을 음미하는 것은 나에게 좋은 맛인가 나쁜 맛인가를 판단하는 기준이 서는 것과도 같은 것이다.

『논어』에는 "배우고 때때로 익히면 또한 기쁘지 않겠는가!"라고 했다. 배우지 않으면 도(道; 방법)를 알지 못하고, 도를 알지 못하면 지도자가 될 수 없는 것이다.

도道란 무엇인가?

도道 자를 파자破字하면 쉬엄쉬엄 갈 착〔辶〕 자와 머리 수〔首〕 자로 구성되어 있다. 머리를 써서 서서히 길을 가는 것이며, 정비가 완료된 길을 가는 것을 말하는 것이다. 곧 방법이 정해진 안전한 길로 가는 것이다.

정비가 완료된 길을 가는 것이란 준수하여야 할 모든 위험에 대비를 하고 사고가 없는, 즉 모든 것이 잘 정돈된 길로 가는 것을 뜻하는 것이다.

여기서 도道는 방법이다. 방법을 알지 못하면 행동하는 길도 모른다는 것을 의미한다.

또 공자는 불치하문不恥下問이라고 했다. 곧 모르는 것은 아랫사람에게라도 물어야 한다는 것이다. 물어서 알게 되면 그 방법도 찾는 것이다. 부끄럽게 여기고 묻지 않는다면 또 다시 모르게 되고, 모르게 되면 또 다음에 남에게 부끄럽게 되는 것이다. 아랫사람에게라도 한번 묻고 알게 되면 다시는 몰라서 당하는 창피한 일은 없게 된다.

또 공자는 '아침에 도道를 들으면 저녁에 죽어도 가하다.'고 했다. 도道를 듣는다는 것은 자신이 세상을 어떻게 살아가야 하는지를 깨달은 것이며, 죽음이란 기러기의 깃털보다도 가벼운 것으로 그 죽음도 초월한다는 것이다.

공자의 이 도는 자신이 살아가야 할 이치를 깨달은 것을 뜻한 것이다. 이는 『논어』의 "남이 나를 알아주지 않더라도 노여워하지 않는다면 또한 군자가 아니겠는가."에 해당하는 것이다.

도道는 자신이 가지고 사용하여 자신을 빛내는 것이지, 도가 자신을 빛내게 해주는 것은 아니다.

교학상장敎學相長은 남을 가르치는 일이나, 스승에게서 배우는 일이, 서로의 도움이 되어서 자신의 학업이 증진된다는 것을 말한 것이다.

하지만 교敎와 학學에는 선택의 권리가 있느냐 없느냐의 차이도 있는 것이다. 교敎는 일방적으로 가르치는 것을 받아야 하는 것이고, 자신에게는 선택의 여지가 없다. 반면에 학學은 자신이 싫으면 언제든지 배우지 않을 수 있는 선택의 권리가 존재하는 것이다.

그러므로 종교宗敎는 한번 들어가면 선택의 여지가 없는 것이고, 학문學問이란 자신의 마음대로 무엇이든 선택하고 비평할 권리가 존재하는 것이다. 교敎는 서로 비방을 하게 되면 싸움만이 있는 것이다.

군자는 모든 허물을 자신에게서 찾고 소인은 모든 잘못을 남에게서 찾는다.

---

* 『예기禮記』는 오경五經의 하나로, 진한秦漢시대의 고례古禮에 관한 설을 수록한 책이다. 한무제漢武帝 때에 하간河間의 헌왕獻王이 고서古書 131편을 편술한 뒤에 214편으로 된 『대대례大戴禮』와 대덕戴德이 그것을 85편으로 줄이고 선제宣帝 때에 그의 조카인 대성戴聖이 다시 49편으로 줄인 『소대례小戴禮』가 있다. 지금의 『예기』는 『소대례』를 이른다. 또 『주례周禮』, 『의례儀禮』, 『예기禮記』를 삼례三禮라고 한다.

* 학기學記는 『예기』의 편 이름이다.

학문과 덕행이 위이고 기예는 다음이다

『예기』악기樂記편에는

"학식과 덕행德行이 성취된 사람은 윗자리를 차지하고 기예(技藝; 손재주)가 뛰어난 사람은 아랫자리를 차지하게 했다.

덕행이 뛰어난 사람은 앞자리를 차지하게 하고, 일에 능한 사람은 뒷자리를 차지하게 했다. 이런 까닭으로 선왕께서는 위가 있고 아래가 있게 했으며, 앞이 있고 뒤가 있게 한 뒤에야 가히 천하를 통치할 수 있었던 것이다."고 했다.

학문과 덕행을 겸비한 사람을 최상으로 삼고 손재주의 기예가 있는 사람을 다음으로 여겼다는 것은, 학문과 덕행을 겸비한 자는 학문과 실천을 병행하는 사람이므로 최우선으로 삼아 사회에 모범으로 우대한 것이다. 그리고 기예(技藝; 손재주)가 있는 자를 뒤에 한 것은, 하나의 기능만을 가진 사람은 뒤로 순서를 삼은 것이다.

덕행에 뛰어난 이를 앞자리에 앉게 한 것은 행동으로 실천하는

데 뛰어난 사람을 우선으로 삼은 것이다. 사업을 성취시키는 능력이 있는 자를 뒤에 하게 한 것은 일의 추진력을 선택한 것으로, 모든 것을 실천하는 자보다는 뒤에 있게 한 것이다.

이러한 것으로 위와 아래의 지위와 앞과 뒤의 순서를 정하고 천하를 통치한다면 별로 어려운 것이 없다는 것을 피력한 것이다.

배우기만 하고 실천이 따르지 않으면 그 학문은 공허한 것이니, 실천이 병행되어야 학문의 진가가 발휘되는 것이다. 특히 정치인은 언행이 일치되어야 하는데. 말과 행동이 다르게 되면 믿음이 가지 않는 것이다.

정치는 덕이 있는 사람이 하는 것이고 머리 좋은 사람이 하는 것은 아니다. 덕이 없는 사람이 머리로 정치를 한다면 백성은 항상 불안에 떠는 것이다.

한자의 '신(信; 믿음)' 자를 파자해 보면 '사람의 말'이다.

사람이 말을 하는데, 처음에는 말을 듣지만 다시 말할 때 그의 실천이 보이지 않으면 반신반의하고, 다시 만났을 때 또 다시 말만 하고 실천이 보이지 않으면 그는 입만 살아 있다는 비난을 받게 된다. 곧 믿음이란 언행이 일치되면 믿지 말라고 해도 그를 믿게 되는 것이고, 말 따로 행동 따로이면 불신不信하는 것이다.

『시경』에는

"저 쥐를 보아도 이가 있거늘 사람으로서 행동거지가 없네.

사람으로서 행동거지가 없다면 차라리 죽기나 하지 무얼 기대하겠는가?"라고 했다.

자연의 원리에 순응하여 국가를 변화시켜야

『시경』대아 한록旱麓의 시에는

"솔개는 날아 하늘에 이르고 물고기는 연못에서 노네.

점잖으신 군자여! 어찌 변화시키고 고무시키지 않는 것인가!"라고

했다.

이것은 도道가 행해져 자연계의 사물이 편안한 곳을 얻어 평화롭게 생을 누리는 것을 노래한 시이다.

군자(君子; 지도자)는 자연의 원리에 순응하여 좋은 세상을 만들고, 자연의 변화와 같이 백성을 자연스럽게 변화시키며, 좋은 정책을 펴 올바른 사회로 이끌어야 한다는 것을 읊조린 시이다.

또 오늘날의 지도자에게는 요란스런 정책으로 백성들을 소동시키는 패자霸者의 정치보다는 자연의 변화와 같이 좋은 정책으로 자연스럽게 국민의 삶을 변화시키고 바르게 인도해야 한다는 왕자王者의 정치를 제시한 것이다.

새로운 지도자는 옛날이나 지금이나 국민에게 거창한 변화보

다는 자신이 변화되어 가는 것을 느끼지 못하면서 변화에 적응해 가도록 하는 정책을 일으켜야 한다는 것이다. 이에 백성들은 소동 없이 정책에 적응하게 되고 지도자는 국가를 무리 없이 이끌어 통치할 수 있다는 뜻이기도 한 것이다.

요순堯舜의 정치를 무위지치無爲之治라고 하는 것은, 왕도王道를 사용하여 백성을 선도하고 인간의 도道를 사용하여 자연에 순응케 하며 백성들이 자신이 변화하여 가는 것을 느끼지 못하였기 때문이었다. 이러한 것을 무위無爲의 정치라고 하는 것이다.

『노자도덕경』 37장에는 "도의 떳떳한 것은 하는 것이 없으나 되지 않는 것이 없다."고 했다.

---

* 대아大雅는 『시경』의 정악正樂이며 대아大雅와 소아小雅가 있다.
* 한록旱麓은 『시경』 대아大雅의 시편 이름이다.
* 왕도王道는 제왕帝王이 어진 덕으로 백성을 다스리는 공정하고 사심이 없는 정치를 뜻한다.
* 패도霸道는 군주가 인의仁義를 가볍게 여기고 무력이나 권모술수權謀術數로 천하를 다스리는 것을 말한다. 왕도와 반대되는 것이다.

한 번 뱉은 말은 주워 담을 수 없다

『시경』대아 억抑의 시에는

"흰 구슬의 반점斑點은 오히려 갈면 없어지지만

말 한 번 잘못한 것은 어찌할 도리가 없다네."라고 했다.

제자 남용南容이 이 시를 세 번을 되풀이하여 외우자 공자가 '남용이 언어言語의 도道를 잘 사용할 것을 안 것이다.'라고 했다.

말은 한 번 뱉으면 주워 담을 수가 없고, 그에 따르는 뒤의 일은 상황에 따라 수습이 어려운 지경에 이르기 때문이다.

이 시를 반복하여 암송하는 남용이 말을 조심하여 실수가 적을 것을 알고 공자는 형의 딸과 맺어줘 조카사위로 삼았다.

옛부터 혀는 세 치도 안 되지만 재앙의 문이라고 했다. 또 한마디의 말로 천 냥 빚을 갚을 수도 있지만 한마디의 어그러진 말로 멸문滅門의 재앙을 초래하기도 했다.

『대학』에는 '출패내위(出悖來違; 가는 말이 고와야 오는 말이 곱다)'라고 했다. 이 때문에 선인先人들은 항상 세 치의 혀를 조심하라고 한 것이다.

제자들에게 말의 중요성을 일깨워 주고, 또 말은 항상 정도正道를 가지고 그에 적합한 것을 살펴서 해야 한다는 것을 공자가 은연중에 제자들에게 각인시켜 준 것이다.

현대의 정치인들이 반추反芻해야 할 것이다.

『시경』에는 "내게 모과를 던져주기에 아름다운 패옥으로 보답하였지요."라고 했다.

---

* 억抑은 『시경』의 대아에 있는 시편 이름이다.

* 남용南容은 노魯나라 사람 남궁괄南宮适로, 용容은 자이다. 뒤에 여양후汝陽侯에 봉해졌다.

날개가 없어도 잘 나는 것은

『관자管子 내언內言에는
"날개가 없는데도 나는 것은 소리(말)이다.
뿌리가 없는데도 견고한 것은 정情이다.
장소를 가리지 않고 풍부한 것은 태어나는 것이다."라고 했다.

날개가 없는데 나는 것을 소리(말)라고 하는 것은, 사람이 외치면 메아리쳐 울리고 또 입에서 뱉어져 나온 말은 이곳저곳으로 전해져 부풀려지게 된다. 날개가 있는 것보다 훨씬 잘 나른다. 여기에 유언비어流言蜚語라는 사자성어가 있는 것이다.

말이란 이처럼 잘 날아다니므로 사람은 특별히 입을 조심해야 하는 것이다.

뿌리가 없는데 견고한 것을 정이라고 하는 것은, 인간의 정이란 그의 뿌리를 볼 수 없으나 한번 마음속에 굳히면 죽어도 변하지 않는 것이다. 일편단심一片丹心의 사자성어가 있다.

정이란 한번 맺어지면 영원히 변치 않고 죽음에 이르러도 굳건

하게 목숨도 버리는 것을 쉽게 하는 것이다.

장소를 가리지 않고 풍부한 것은 태어나는 것이라고 한 것은, 어느 곳이든 가리지 않고 태어나는 것이 많은 것은 생명체이기 때문이다. 이곳저곳을 가리지 않고 생명체는 여지餘地가 있으면 풍부하게 돋아나고 있다. 여기에 사방풍생四方豊生의 사자성어가 있다.

생명체라는 것은 한 자 한 치의 땅에서도 무수히 돋아나고, 죽으면 다시 또 돋아나 중지됨이 없는 것이다.

이것은 언어나 사람의 정情이나 생명체에도 각각의 그에 따르는 도道가 있다는 것을 지적한 것이다.

『노자』는 "하늘의 도는 친한 사람이 없고 항상 선인善人에게만 준다."고 했다.

---

* 『관자管子』는 책 이름이고 24권으로 되어 있다. 관중管仲이 찬撰했다고 하지만 저서 안에는 관중이 죽은 뒤의 일이 많이 기록되어 있어 후세의 사람이 많이 증보한 것으로 여겨진다. 본래 85편이었으나 10편은 산일散逸되었다. 법치, 경제, 철학, 윤리도 언급되어 있다.

이름을 짓는 다섯 가지 법칙

『춘추좌전』 환공桓公 6년 조에, 노환공魯桓公이 신수申繻에게 이름을 짓는 법을 물었다.

신수가 대답했다.

"이름을 짓는 법에는 다섯 가지가 있는데 신信, 의義, 상象, 가假, 유類가 있습니다. 태어날 때 이름으로 삼을 만한 것이 있어 그것으로 이름을 짓는 것을 신信이라고 하고, 덕德의 뜻을 붙여서 짓는 이름을 의義라고 합니다. 모습의 생김새에서 이름을 취하는 것을 상象이라고 하고, 태어날 때와 관계가 있는 물건에서 취하여 이름하는 것을 가假라고 하며, 부친과 관계가 있는 것에서 취하여 이름 짓는 것을 유(類; 비슷한 것)라고 합니다.

나라의 이름으로써 짓지 않고, 관직의 이름으로 짓지 않고, 산천山川의 이름으로 짓지 않고, 숨겨 있는 질병으로 이름으로 짓지 않고, 축생畜牲의 이름으로써 짓지 않고, 기물器物이나 옥백玉帛의 이름으로써는 짓지 않는 것입니다."

옛부터 이름을 짓는 데는 신信, 의義, 상象, 가假, 유類의 다섯 가지의 뚜렷한 기준이 있었다.

신信은 아이가 태어날 때에 아이의 이름으로 삼을 만한 징조가 있어 그것을 사용하는 것이다. 곧 상서로운 징조를 말하는 것이다.

의義는 앞으로 성장할 때 덕을 행하라는 뜻을 더하여 짓는 것이다.

상象은 태어난 아이의 생김새에서 그의 이름을 짓는 것을 뜻한다.

가假는 아이가 태어날 때에 아이와 관계된 물건에서 취하여 짓는 것을 말한다.

유類는 취어부取於父라는 뜻이다. 곧 부친과 관계가 있는 것에서 취하여 이름을 짓는 것이다.

『춘추春秋』에 동同이라고 이름을 지은 것이 있는데, 노나라 환공桓公의 아들 이름이 동同이며 이것은 동의 생일이 부친과 같은 관계로 취한 이름이었다.

또 나라의 이름으로 짓지 않고, 관직의 이름으로 짓지 않으며, 산이나 개울의 이름으로 짓지 않고, 숨겨져 있는 질병의 이름으로 짓지 않고, 집안에서 기르는 짐승의 이름으로 짓지 않으며, 집안의 기물이나 옥백玉帛의 이름으로 짓지 않는다고도 했다.

옛날부터 작명作名을 하는 데는 이상과 같은 뚜렷한 기준이 있었던 것이다. 요즘 작명을 하는 사람들이 이상과 같은 법칙을 알고 이름을 짓는 이는 아주 드물 것이다. 누구나 작명作名할 때 한 번쯤 참고할 만한 내용이다.

───────

* 『춘추좌전春秋左傳』은 공자의 『춘추』를 노나라의 사관史官인 좌구명 左丘明이 주석을 한 책이다. 『춘추』에는 삼전三傳이 있는데, 『춘추좌 씨전』, 『춘추공양전』, 『춘추곡량전』이다.

도에 맞지 않은 말로는 군자를 속이지 못한다

『춘추』 양공 31년 조에, 정鄭나라 자산子産이 자피子皮에게 말했다.
"사람의 마음이 서로 같지 아니한 것은 그의 얼굴이 각각 다른 것
과 같다. 내가 어찌 감히 그대의 얼굴을 나의 얼굴과 같다고 이를
것인가?"

인간의 얼굴은 각양각색이다. 마찬가지로 마음도 각양각색으로
다르다.

자산이 사람의 마음이 각각 다른 것을 사람의 얼굴이 각각 다른
것에 비유한 것이다.

사람의 마음이 다 다르듯이 얼굴의 생김새도 천차만별이다. 쌍
둥이도 같아 보이지만 자세히 보면 이목구비의 크고 작은 것들이
다르다. 사람의 마음이 다른 것을 이처럼 잘 비교한 것이 또 있겠
는가!

자산은 춘추시대 정나라의 대부로, 이름은 공손교公孫僑이며 자
산子産은 그의 자이다. 정나라 간공簡公, 정공定公, 헌공獻公의 세

조정에 걸쳐 40년 동안 국정에 참여하였다.

자산은 치국治國의 도를 터득하여 강대국인 진晉, 초楚 두 나라에서도 감히 침략을 하지 못하도록 했다.

『맹자孟子』에는 "어떤 사람이 자산에게 물고기를 보내왔는데 자산은 연못 관리인에게 시켜 연못에 넣어 기르라고 했다. 그런데 연못 관리인이 물고기를 삶아 먹고 자산에게 돌아가 보고하기를 '처음 놓아 주었을 때에는 어릿어릿하더니 좀 있다가 생기 있게 헤엄쳐 물속으로 들어갔습니다.'라고 했다. 연못 관리인의 말을 들은 자산은 기뻐하며 '그놈이 제자리를 찾아갔구나. 제자리를 찾아갔어!'라고 했다. 연못 관리인은 물러나와 사람들에게 '누가 자산을 지혜롭다고 말하였는가? 내가 이미 삶아 먹어 버렸는데 제자리를 찾아갔구나. 찾아 갔어!'라고 하였는데!"라고 하는 이야기가 있다.

맹자는 '군자君子를 속이는 데는 도리에 맞는 말로 해야지 도리에 맞지 않는 말로 속일 수는 없다'고 했다.

도道를 가지고 자신을 닦고 자신을 넓힐 수 있지만 도道가 자신을 넓혀 주거나 자신을 닦아 주는 것은 아닌 것이다.

공자는 자산을 가리켜 혜인惠人이라고 일컬었다.

부모, 자신, 친구, 관리의 죄가 되는 것들

『춘추곡량전』소공昭公 19년 곡량씨穀梁氏의 해설에서 말했다.

"자식이 이미 세상에 태어나서 너무 어릴 때 수재水災나 화재火災에서 벗어나지 못하는 것은 어머니의 죄이다.

머리를 양 갈래로 땋고 8세 이상의 소년이 되어 스승에게 나아가지 못하는 것은 아버지의 죄이다.

스승에게 나아가 학문의 방향을 정하지 못하고 심지心志가 통하지 못하는 것은 그 자신의 죄이다.

심지가 이미 통하고 명예가 알려지지 않은 것은 벗(친구)의 죄이다.

명예가 이미 알려졌는데 담당 관리가 추천하지 않는 것은 담당 관리의 죄이다.

담당 관리가 추천했는데 왕자(王者; 천자, 지도자)가 등용하지 않는 것은 왕자의 허물이다."

사람이 이 세상에 태어나 1~8세는 어머니의 보호를 받아야 하는 시기이다. 이 1~8세에 물이나 불의 재앙을 당하는 되는 것은 어머니가 보살피지 못한 죄라고 한 것이다.

보호에서 벗어나는 8~15세는 성장하는 시기이다. 이 시기에는 아버지는 교육을 시켜야 할 의무가 있는데, 학교에 보내 아들을 교육을 시키지 않는 것은 아버지의 죄라고 한 것이다.

아버지가 교육을 받게 했는데 자신이 노력하지 않아 학문에 성취가 없는 것은 그 자신의 죄라는 것이다.

학문이 이미 통달했는데 명예가 세상에 알려지지 않은 것은 동문수학同門修學한 벗들이 적극적으로 추천하지 않아서 그러한 것이다. 이는 동문수학한 벗[친구]의 죄라는 것이다.

명예가 이미 알려졌는데도 인재를 담당하는 관리가 추천하지 않는 것은 인재추천을 관장하는 그 관리의 죄가 있다는 것이다.

담당 관리가 추천했는데 천자[제왕]가 그를 등용하지 않는 것을 지도자[제왕]의 과실이라고 한 것은, 인재의 기준은 보는 시각에 따라 다르기 때문에 잘못한 '과실'이라고 한 것이다. 곧 천자는 유능한 인재를 등용하여 천하를 다스려야 하는데 그의 등용이 잘못되었다는 것을 지적한 것이며, 그러므로 천자가 등용하지 않는 것은 죄는 아니고 허물이라고 했다. 인재를 잘못 등용한 것이기 때문에, 지도자의 허물이고 죄는 아니라는 뜻이다.

그렇다. 모든 사회의 일에는 어떤 인재를 등용하느냐에 따라 사업의 성공과 실패가 결정되는 것이다.

은殷나라의 탕湯임금은 이윤伊尹을 등용하여 왕업을 성공시켰고, 주周나라의 문왕은 태공(太公; 姜尙)을 등용하여 왕업의 기초를 닦아 주왕조周王朝를 건설하였다.

춘추春秋시대 제齊나라 환공은 관중管仲을 등용하여 제후의 패자霸者가 되었으나 관중을 잃은 뒤에는 굶어 죽어 자신의 시신도 수습하지 못하는 데 이르렀다.

정치도 마찬가지이다. 지도자가 자신의 진영에 어떤 인재를 등용하느냐에 따라 그의 성공과 실패가 결정되는 것이다.

이러한 일을 춘추시대에, 각자의 도道에 따라 죄를 적용시켜 곡량씨穀梁氏가 언급했다는 것은 그 당시에 진보적인 인식을 가졌다고 할 것이다.

---

* 『춘추곡량전春秋穀梁傳』은 공자의 『춘추』를 주周나라 곡량적穀梁赤이 주석을 한 책이다. 명분과 의리를 내세웠으며 고문학에 가까웠다.

가난하여도 학문을 즐기고 부유하면 예를 즐겨야

〰️

『논어』학이學而편에, 자공子貢이 공자에게 물었다.

"가난하게 살면서도 남에게 아첨하지 않고 부유하더라도 교만하지 않는다면 어떻겠습니까?"

공자가 말했다.

"좋은 말이다. 그렇지만 가난하게 살면서도 즐거워하고 부유하게 살면서도 예를 좋아하는 사람만 같지는 못할 것이다."

가난하게 살면서 남에게 아첨하지 않고 부유하면서 남에게 교만하지 않는 사람은 드물 것이다. 도道를 깨달은 사람만이 할 수 있는 행동이다.

그러나 공자는 그것도 좋은 일이다마는 그것보다는 가난하게 살면서도 학문을 좋아하고 부유해지면 예를 좋아하는 것이 더 좋지 않겠는가, 라고 알려 준 것이다.

이것이 공자가 한 차원 더 나아간 도道를 제시해 준 제자 교육법이었다.

제자의 물음에 칭찬을 하고, 그것보다는 이러한 것이 더 좋지
않겠느냐의 대답은 제자를 진일보進一步시켜 주는 성인聖人의 교
육 방법의 하나라고 할 것이다.

　『대학』에는 "부자는 집을 윤택하게 하고 덕은 몸을 윤택하게
한다."고 했다.

---

*『논어論語』는 4서(四書; 大學, 中庸, 孟子, 論語)의 하나이며 20편으로 이
　루어졌다. 공자孔子의 인仁, 예禮, 정치, 교육 등에 관한 것을 공자 사
　후에 제자들이 편수하였다.

오래 거처하려거든 덕을 쌓아라

『사기』 식화殖貨 전에는

속담에 말하기를 "1백 리에서는 풀을 팔지 않고, 1천 리에서는 곡식을 사들이지 않는다. 한 해를 거처할 때는 곡식을 심고, 10년을 거처할 때는 나무를 심고, 100년을 거처할 때는 덕을 오게 하는 것이다."고 했다.

옛날에는 인심이 넉넉하여 1백 리 안에서는 말을 먹이는 풀을 팔지 않았고, 모자라면 항상 서로 공급하도록 했다.

1천 리 안에서는 곡식을 서로 사들여 저축하지 않았고, 부족하면 서로 나누어 먹었다. 이처럼 인심이 후하였다는 것을 말한 것이다.

또 1년을 거처하려고 생각하면 곡식을 심어야 하고, 10년을 정착하려면 나무를 심어야 하며, 오랜 세월을 거처하려면 덕을 쌓아야 한다고 했다.

덕을 쌓으면 사람들이 모여들어 따르게 되고 하나의 마을이 형성된다. 이렇게 되면 자신의 덕으로 일가一家를 이루고, 그 덕으로 말미암아 하나의 촌락이 형성된다는 것을 설명한 것이다.

　장조張潮는 '하루의 계획은 파초를 심고, 한 해의 계획은 대나무를 심고, 십 년의 계획은 버드나무를 심고, 백 년의 계획은 소나무를 심는다.'고 했다.

---

* 식화전殖貨傳은 재산을 불려 부富를 쌓은 사람을 기록한 전기傳記이다.

여뀌 속의 벌레는 쪽의 단맛을 알지 못한다

『제민요술齊民要術』에는
"여뀌 속의 벌레는 쪽풀 속의 단맛을 알지 못한다."고 했다.

사람은 다방면을 알아야 한다는 것을 뜻한 것이다.

여뀌라는 식물은 매운 맛을 지니고 있어 그 안에 있는 벌레는 매운 맛만을 알 뿐이다. 반면 쪽풀 속에 있는 벌레는 쪽풀의 단맛만을 안다. 이처럼 벌레는 그의 처한 곳만을 알 뿐이다.

사람은 이것저것을 다 맛을 본 연후에 맵고 시고 짜고 쓰고 단 것을 논할 수 있는 것처럼, 다방면의 학문에 달통해야 한다는 것을 뜻한 것이다.

사람이 각 방면의 학문을 섭렵하면 고루해지지 않는다.

또 사회는 여러 종류의 인간이 집합하여 생활하기 때문에 다방면으로 통달해야 시중(時中; 중용)을 적용할 수 있는 것이다. 일편만을 알게 되면 고루해져 이와 저에 알맞은 것인, 중용을 적용할 수도 없고 서로 통할 수도 없는 것이다.

중용中庸이란 '알맞은 도道'이며 '알맞은 도'는 상대가 있는 곳에 적용하는 것이다. 상대에게 '공평한 도(道; 중용)'를 적용해야 화합이 되고, 화합이 이루어지면 화평해지는 것이다. 곧 화평이란 '중용'을 적용하는 데 있는 것이다.

요임금이 순임금〔堯舜〕에게 천하를 전수傳受한 '지도至道'는 '윤집궐중(允執厥中; 진실로 그 알맞은 것을 가져라)'의 네 글자였다.

또 순舜임금이 우禹임금에게 천하를 전수한 '지도至道'는 '인심유미(人心唯微; 사람의 마음은 오직 미묘하다)하고 도심유위(道心唯危; 도심은 오지 위태하다)하니 유정유일(惟精惟一; 오직 정묘하고 오직 전일한 것이다)이라야 윤집궐중(允執厥中; 진실로 그 알맞은 것을 가져라)'이라는 열여섯 글자였다.

이 세상에서 제일 큰 천하를 수수授受하는 사업에도 이 '중용지도中庸之道'를 사용하여 전수한 것이다. 결국 중용中庸의 도를 가지고 사용하는 사람만이 천하를 소유하고 백성을 태평하게 할 수 있는 것이다.

---

* 『제민요술齊民要術』은 후한後漢의 가사협賈思勰이 쓴 10권 92편으로 된 저서이다. 농가農家의 저서로는 가장 오래된 책이며, 농포農圃 의 식衣食에 관한 모든 것들을 상세하게 기록했다.

제4장 이기理氣 일원론과 이원론

주돈이의 『태극도설』

송宋나라 주돈이周敦頤가 『태극도설太極圖說』에서 말했다.

"무궁무진無窮無盡하여 다하는 지점〔極點〕이 없는 것이 곧 태극太極
이다. 이 태극이 움직여 양陽을 낳는다.

움직이는 것이 지극한 곳〔최고의 절정〕에 이르면 고요〔靜〕해진다. 그
고요한 것에서 음陰이 생성한다. 고요한 것이 지극한 곳에 이르면
다시 움직이는 것이 시작한다.

이와 같이 한 번 움직이고 한 번 고요한 것이 서로 그 뿌리가 되어
음과 양으로 나뉘어 양의(兩儀; 陰陽)가 이루어진다.

이 양陽이 변화하고 음陰이 합하여 수화목금토水火木金土의 오행五
行이 생성된다. 이 오행에서 다섯 가지 기운이 고루 퍼져 춘하추동
春夏秋冬의 네 계절이 운행된다. 오행은 곧 하나의 음양이고, 음양
은 곧 하나의 태극이며, 태극은 본래 끝이 없고 다하는 것도 없는
〔無極〕 것이다.

오행은 생성되는 데 있어서 각각 하나의 성性을 갖는다.

다하는 것이 없는 무극無極의 진眞과 음양, 오행의 정靜이 미묘하게

합해지고 서로 엉키어 하늘의 도[乾道; 건도]는 남자를 이루고 땅의 도[坤道; 곤도]는 여자를 이룬다.

이 두 기[二氣; 이기]가 서로 느껴 응하여 만물을 태어나게 하는 것이며, 이로 인하여 만물이 태어나고 또 태어나는 것을 반복하여 그의 변화를 다하는 것이 없는 것이다.

하늘과 땅 사이에 있는 온갖 사물 가운데 오직 사람만이 빼어난 최고의 신령스러운 것을 얻는다.

이에 형체를 갖추어 태어나면 정신이 발동되어 아는 것이며, 인의예지신仁義禮智信의 다섯 가지 성性이 감동感動하는 것으로 선하고 악한 것을 구분하며 모든 일들이 나오게 되는 것이다.

성인聖人은 이것을 정하는 데 있어, 행동은 중용에 맞게 하고 처신을 올바르게 하며 마음을 쓰는 것은 인仁으로써 하고 사리를 분별하는 것은 의義로써 하는 것이며, 고요한 것을 근본으로 하여 사람이 행해야 할 마땅한 도리를 세우는 것이다.

그러므로 성인은 하늘과 땅과 더불어 그의 덕을 합하고, 해와 달과도 그 밝은 것을 합하며, 네 계절과도 그 차례를 합하고, 귀신과도 그 길하고 흉한 것을 합하는 것이다.

군자는 닦아서 길한 것으로써 하고 소인은 거역하여 흉하게 되는 것이다.

그러므로 이르기를 '하늘의 도道를 세우는 것을 음과 양이라고 하고, 땅의 도를 세우는 것을 유柔와 강剛이라고 하며, 사람의 도를 세우는 것을 인仁과 의義라고 한다.'고 하는 것이다.

또 말하기를 '시작에 근원하여 끝마치는 것으로 돌아간다. 그러므로 죽고 사는 것의 설명을 아는 것이다.'라고 했는데, 대단하다 역(易; 주역)이여! 그 이치가 이와 같이 지극한 것인가!"

太極道

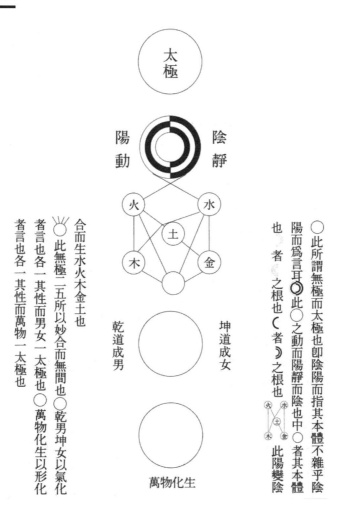

이상은 주돈이周敦頤의 『태극도설』의 내용이다.

아래는 송나라의 주희朱熹와 조선조의 유학자 퇴계 이황李滉이 『태극도설』에 대해 부연 설명해 말한 것이다.

주희가 말했다.

"『태극도설』의 첫머리에는 음과 양이 변화하는 근본적인 원인을 말하였고, 뒤에는 사람이 하늘에서 받은 성품의 자연적인 상황을 설명한 것이다.

'오직 사람만이 그 빼어난 것을 얻어 가장 신령하다.'고 한 것은 순수하고 지극히 선한 성性이며, 이것을 태극이라고 이르는 것이다.

'형체를 갖추어 태어나면 정신이 발동되어 지각이 있는 것'이라고 한 것은 양이 활동하고 음이 고요한 상태에서 작용하고 있는 것이다.

'인의예지신仁義禮智信의 다섯 가지 성性이 느끼고 감동한다.'고 한 것은 양이 변화하고 음이 화합하는 수화목금토水火木金土의 성질이다.

'선과 악이 구분된다.'고 한 것은 남성이 이루어지고 여성이 이루어지는 현상이다.

'모든 일이 도출된다.'고 한 것은 만물이 변화하고 생성한다는 것이다.

'성인聖人은 행동을 중용을 가지고 한다. 처신을 올바르게 하며 마음을 쓰는 것은 인仁으로써 한다. 사리를 분별하는 것을 의로써 하는 것이며, 안정시키고 고요한 것을 주관하여 사람으로 행하여야 할 지극한 것을 세우는 것이다.'고 한 것은 곧 태극의 전체를 얻어서 하늘과 땅과 더불어 혼합하여 간단間斷이 없는 것이다.

그러므로 '성인은 하늘과 땅과 더불어 그의 덕을 합하고, 해와 달과도 그 밝은 것을 합하며, 네 계절과도 그 차례를 합하고, 귀신과도 그 길하고 흉한 것을 합하는 것이다.'고 한 것이다."

또 말하기를

"성인聖人은 수양을 하지 않더라도 자연적으로 성취하는 것이다. 이러한 곳에 이르지 못하였다 하더라도 닦으면 군자는 길하게 되는 것이며, 이러한 것을 알지 못하고 도리를 거역하는 데 이르면 소인이 흉하게 되는 것이다. 도리를 닦고 도리를 거슬리는 것들은 또한 공경하고 방자한 행동을 하는 사이에 존재할 뿐이다.

공경하면 욕심이 적어서 모든 이치가 밝아진다. 사욕을 적게 하고 또 적게 하여 사욕이 없는 상태에 이르면 고요하여 비워지고 활동이 정직하여져, 성스러운 것을 배워서 가한 것이다."라고 했다.

이황은 말했다.

"앞에서 염계 주자(濂溪周子; 敦頤)는 태극도太極圖를 그리고 그에 대한 설명을 한 것이다.

평안섭씨(平巖葉氏; 適)는 '이 태극도는 『주역』 계사전繫辭傳에 있는 말로, 역易에 태극이 있고 태극이 양의兩儀를 낳고 양의는 사상四象을 낳는다.'고 한 것을 미루어 밝힌 것이다.

다만 『주역』에서는 괘卦와 효爻로 말하였고, 도록圖錄에서는 천지자연天地自然의 이치로써 말한 것이다."

또 말했다.

"주자(朱子; 熹)는 말하기를 '이것은 도리의 큰 두뇌처(頭腦處; 중요처)이고, 또 백 세百世의 학술이 존재하는 연원淵源이다.'고 했다.

제일 첫머리에 '태극도'를 게재한 것은 『근사록近思錄』의 첫머리에 '태극도설'을 게재한 것과 같은 뜻이다.

성인聖人이 되려고 공부하는 자는 그 근본을 이곳에서 구하고, 『소학小學』과 『대학大學』의 공부에서 있는 힘을 다해 노력하고, 그 공력을 거두어들일 때에 이르러서는 지극한 하나의 근원으로 소급하여 간다면 이른바 '이치를 궁구하고 본성을 다하여 하늘의 명에 이르다.'는 것과, '신을 궁구하고 천지자연의 변화의 이치를 아는 것이 덕을 융성하게 하다.'라는 것이 되는 것이다."

이상은 주희와 이황의 『태극도설』에 대한 부연 설명이다.

하나의 원형圓形으로 무궁무진한 것을 태극太極이라 이르는데, 이것을 혼돈의 상태라고 이른다. 태극에서, 곧 혼돈의 상태에서 음陰과 양陽으로 분열되어 음과 양의 구분이 있게 된 것이다.

음과 양은 『주역』에서 건남乾男 곤녀坤女를 뜻한 것이다.

또 태극은 사람에 있어서는 하나의 성性이고, 성性에는 이理와 기氣가 함께 내재되어 있는 것이다.

이理와 기氣가 내제해 있을 때는 일원론一元論이고 이理와 기氣가 외적인 요소에 의하여 활동할 때는 이와 기는 각각의 활동으로 분리되어 이원화하기 때문에 이것을 이원론二元論이라고 하는 것이다.

곧 태극에서 분리되면 양의兩儀가 되는 것과 같은 논리이며, 이와 기는 태극에서 분리되는 음양과 같은 뜻이다.

이理는 정靜이고 기氣는 동動이다. 곧 성性 속에는 음양을 포함하고 있는 것이다.

온 천하의 모든 사물은 음과 양으로 나누어져 있다.

음은 포용적이고 양은 활동적이다.

음과 양이 균형을 이루어야 평화로운 신체나 태평의 사회가 되는 것이다.

건축에서도 음과 양의 균형이 조화되지 않으면 무너지게 된다. 곧 나사가 잘 조여지지 않으면 삐꺽거리고 건축물은 오래가지 못한다.

또 그 음과 양은 속에서 합하여 오행의 상극相剋과 상생相生의 원리에 따라 변화되어 운영되는 것이다. 이것이 곧 기자箕子가 무왕武王에게 말한 칠정七政을 뜻한다.

그 칠정은 일월日月, 수화목금토水火木金土이다. 여기서 일월日月은 음양이고 수화목금토는 양이 변화하고 음이 화합하여 상극相剋과 상생相生이 이루어지는 것을 뜻한다.

상생은 자연적인 순서이고 상극은 대치하는 것이다. 대치할 때는 답답하고, 답답하면 폭발한다. 이때의 사회를 역행逆行하는 사회라고 하며, 혼란의 사회이기도 한 것이다.

이러한 논리로 살펴본다면 천하의 모든 사물은 음과 양으로 성취된 것이다. 이 음과 양이 균형을 이루지 못하면 사회는 반분된다. 남녀의 사이도 괴리된다.

특히 건축물은 음양陰陽, 곧 요철凹凸로 이루어져 잘 배합되지 못하면 쉽게 붕괴되고, 그 밖의 온갖 것들이 질서를 잃어 혼란스런 사회가 도래하는 것이다.

음과 양이 오행과 더불어 상생과 상극을 반복하는데, 상생相生하게 되면 자연은 순환하여 사회의 질서는 유지되고 국민의 삶은 편안해진다. 상극相克하게 되면 역행逆行하여 사회의 질서는 괴리되고 국가 간의 전쟁도 발발하여 백성들의 삶도 괴로워지는 것이다.

이것이 '오행론'에서 말하는 오행의 상생과 상극의 원리이기도 하다.

---

* 주돈이周敦頤의 자는 무숙茂淑이고 호는 염계濂溪이다. 북송北宋의 유학자로 송나라 성리학性理學의 시조로 일컬어진다.

* 이황李滉의 자는 경호景浩이고 호는 퇴계退溪이며 조선 중기의 문신이다. 문순공文純公의 시호를 받았으며 『퇴계집退溪集』이 있다. 이기이원론理氣二元論을 주창했다.

옛날의 학교제도

『예기』학기學記편에는

"옛날의 교육제도는 25가구가 거주하는 작은 마을에는 숙(塾; 오늘날의 초등학교)을 두었다. 5백 가구가 거주하는 작은 고을인 당黨에는 상(庠; 鄉學; 숙의 중급학교)을 두었다. 1만2천5백 가구가 거주하는 고을인 술術에는 서(序; 상의 상급학교)를 두었다. 천자(天子; 皇帝)가 거처하는 수도首都에는 태학(太學; 대학)을 두었다.

대학에서는 해마다 학생들이 입학하며 한 해를 거쳐 학업의 성적을 시험 보고 평가했다.

1년을 지나면 경서經書의 구두句讀를 나누고 독송讀誦하며 해석을 하고 평가한다. 3년의 학업을 마치면 학업을 부지런히 하고 벗들과 화합하는 것들을 평가한다. 5년의 학업을 거치면 널리 익힌 것과 스승에게 배운 것을 평가한다. 7년의 학업을 경과하면 학문을 강론하고 벗을 가려 사귀는 일을 평가한다. 이 과정까지를 소성小成이라고 이른다.

8~9년을 연마하면 잘못된 것들을 유추類推하여 알고 이치에 통달하여 굳게 서서 되돌아가지 않는 것이다. 이러한 것을 대성大成한

것이라고 이른다.

대저 그러한 뒤에야 학문으로써 백성을 교화하고 풍속을 바꾸는 데 족하며, 가까이에 있는 사람은 기쁜 마음으로 복종하게 되고 먼 곳에 있는 사람도 그의 덕을 사모하게 되는 것이다.

이것이 대학大學의 도道이다.

옛날의 기록에 '개미들이 흙을 물고 다니는 것은 배우는 일을 게을 리 하지 않는 것이다.'고 한 것은 이를 두고 이른 말인 것이다."라고 했다.

학교學校를 설치하고 학생들을 교육하는 것은 옛날이나 지금이나 별로 바를 바가 없었다.

25가구의 작은 마을에는 숙塾을 두었는데, 숙은 지금의 초등학교의 교육인 글자와 숫자를 이해하는 것을 가르쳤다.

5백 가구가 거주하는 당黨에는 상庠을 두었으며, 상에서는 중등학교의 소학 과정을 가르쳤다.

1만2천5백 가구가 거주하는 고을에는 서序를 설치했다. 서序에서는 고등교육인 예악사어서수禮樂射御書數의 교육을 가르쳤다.

수도首都인 천자가 거처하는 곳에는 태학太學을 설치했다. 태학에서는 고등교육에서 예악사어서수禮樂射御書數의 교육을 이수한 학생 가운데 성적이 우수한 학생을 추천하여 받고 사士, 대부大夫, 경卿의 적자嫡子와 제후왕諸侯王과 천자天子의 모든 아들들을 입

학시켜 경전經傳을 교육시켜 관리로 임명하거나 박사로 임명하여 국가의 정책에 기여하게 했다.

이러한 교육과정은 지금의 교육제도와 유사한 과정이다.

사람은 태어나 어릴 때에는 마음이 순수하고 허정虛靜하여 이때 교육을 하면 잘 따른다. 이는 해바라기가 싹이 터 자라면서 아침 해가 뜨면 동쪽을 향하고 해가 서쪽으로 향하면 서쪽으로 향하는 것과 같이 아이들도 순수하여 잘 순종한다.

그런데 사람은 교육을 받으면서 자신의 습관과 전체 교육의 일부만을 편향되게 자신의 취향과 결부시켜 받아들이고 자신의 고정된 관념을 만들게 된다. 교육 받는 가운데 자신의 마음에 드는 것을 선택하고 자신의 좌우명으로 삼아 고정된 관념을 일상화시키는 것이다. 대다수는 이것을 습관화시켜 자신의 틀로 만들어 고착화시키는 것이다.

자신의 틀로 만들어 고착화시키게 되면 이때부터 남의 좋은 말이나 행동을 듣고 보며 접하게 되더라도, 그것을 좋다고 느끼기는 하지만 고착화된 습관 때문에 자신의 행동을 고치거나 바로 잡으려 하지 않는다.

해바라기도 성장하면서 꽃 봉우리가 맺기 전까지는 잘 따르지만 성장이 다하여 꽃 봉우리가 나오고 머리가 무거워져 한쪽으로 기울게 되면 그때부터 머리는 고착되어 바람이 불면 이리저리 흔들거려도 잠시 뒤에 다시 제자리로 돌아가는 것처럼, 사람도 자신의 습관화된 상태로 다시 되돌아가는 것이다. 곧 자신만의 체형을 형성하여 고착화된 개성을 이루는 것이다.

이러한 것은 보통사람들이 세상을 살아가는 천차만별의 생활 방식이다. 이러한 것이 성인聖人과 보통사람의 차이인 것이다. 성인聖人은 한 번의 잘못이 있으면 두 번 다시 반복하지 않는다. 보통사람은, 사람이 그럴 수도 있지 하고 실수를 반복하고 반복한다.

공자의 제자는 3천 명이었으나 성취한 제자는 70여 명이었고 철인哲人은 10여 명에 불과했다.

부유하지 않은 것을 근심하지 않는다

『삼국지』『오서』에, 이형李衡의 아내 습씨習氏가 말했다.

"사람은 덕의德義가 없는 것을 걱정하고 부유하지 않은 것을 걱정하지 않는다. 만약 귀하고도 능히 가난하다면 바야흐로 좋은 일일 뿐이니, 이것을 사용해 무엇을 하겠는가!"

이형李衡의 자는 숙평叔平이고 본래 양양襄陽의 졸가(卒家: 3百家) 아들인데 한나라의 말기에 무창武昌의 서민이 되었다. 이형은 양도羊衜가 인물을 평가한다는 소문을 듣고 찾아가서 자신의 평가를 구하자 양도가 말했다.

"일이 많은 세상에서 상서尙書의 조랑曹郞으로 바쁠 재주이다."

이때에 교사校事 여일呂壹이 권력을 가지고 제멋대로 했다. 대신들은 그의 핍박이 두려워 감히 말을 하지 못했다. 양도가 말했다.

"이형李衡이 아니라면 곤궁한 것에 능할 자가 없을 것이다."

드디어 함께 추천해서 낭郞으로 삼았다. 손권이 이끌어 만나 보왔다. 이형이 입으로 여일의 간사한 단점 수천 가지를 진술하자 손권에게는 부끄러워하는 안색이 있었다. 수개월 만에 여일이 처단을 당하고 이형이 크게 발탁되어 나타났다.

후에는 떳떳하게 제갈각의 사마司馬가 되어 제갈각의 부사府事를 주관했다. 제갈각이 처단되자 벼슬을 구해서 단양태수가 되었다. 당시에 손휴가 군을 다스리고 있었는데 이형이 자주 법으로써 금지시켰다.

아내 습씨習氏는 매양 이형에게 간했으나 이형이 따르지 않았다. 때마침 손휴가 천자의 자리에 서자 이형이 근심하고 두려워하며 아내에게 일러 말했다.

"그대의 말을 쓰지 않아서 이에 이르렀소."

드디어 위나라로 달아나려고 했다. 아내가 말했다.

"불가합니다. 군君은 본래 서민일 뿐인데 선제先帝께서 서로 발탁해 지나치게 대우했습니다. 이미 여러 번 무례한 일을 일으켰습니다. 또 거역하고 스스로를 시기하고 싫어하며 도망쳐 반역해 살기를 구하며, 이런 이유 때문에 북쪽으로 돌아간다면 무슨 면목으로 중국의 사람들을 만나 보겠습니까?"

이형이 말했다.

"어떤 계책을 내겠소?"

아내가 말했다.

"낭야 왕은 평소 선을 좋아하고 이름을 사모해 바야흐로 스스로 천하에 드러내고자 합니다. 결국 사사로운 혐의로 군君을 죽이지 않을 것이 명백할 것입니다. 스스로 죄를 인정하고 감옥에 이르러 표表를 올려 지난날의 과실을 나열하고 나타내어 죄를 받기를 구하십시오. 이와 같이 하면 마땅히 넉넉한 대우를 받는 것은 순조롭지 않을지라도 자못 곧 살아나지 않겠습니까?"

이형이 아내의 말에 따랐다. 과연 근심이 없는 것을 얻고 또 위원 장군을 더하고 계극(棨戟; 나무창; 측근)까지 주었다.

이형이 매양 집의 재산을 다스리고자 했으나 아내는 번번이 듣지 않았다. 이형은 뒤에 아내 몰래 객客 10여 명을 동원해 무릉武陵의 용양龍陽 땅 사주汜州로 보내서 집을 만들게 하고 맛 좋은 귤나무 1천 주를 심게 했다. 죽음에 이르러 아이를 타일러 말했다.

"너의 어머니는 내가 집안의 재산을 다스리는 것을 싫어했다. 그러므로 이와 같이 궁색한 것이다. 그러나 나의 주리州里에는 1천 주株의 나무 노예가 있어서 너희들의 의식을 책임지지 않더라도 해마다 한 필의 비단을 바칠 것이니 또한 쓰는 데는 풍족할 것이다."

이형이 죽은 뒤 20여 일만에 아이가 어머니에게 아뢰자 어머니가 말했다.

"이곳에 마땅히 단 귤나무를 심은 것은, 너의 집안은 10호(十戶; 열집)의 객〔손님〕이 오지 않은 것이 7~8년인데, 그들을 너의 아버지가 보내서 집을 만들었을 것이다. 너의 아버지는 항상 태사공의 말을 일컬어 말하기를 '강릉江陵에 1천 그루의 귤나무로 군가君家를 봉하는 것이 마땅하다.'고 했다. 내가 대답하기를 '장차 사람은 덕이 없는 것을 걱정하는 것이고 부유하지 않는 것을 걱정하지 않는 것이다. 만약 귀하고 능히 가난하면 바야흐로 좋은 것일 뿐이지 이것을 사용해 무엇을 하겠는가!'라고 했을 뿐이다."

오나라의 말기에 이형의 감귤 나무는 성장하여 해마다 비단 수천 필을 얻어 집안의 생계가 성대하게 풍족했다. 진晉나라 함강咸康년중에도 그 집터의 마른 나무가 존재했었다고 전했다.

이는 이형이 무탈하게 행동한 것은 부인의 앞을 내다보는 내조의 덕德이었으며, 또 부인이 집안을 잘 보호한 것은 밝은 지혜에 있었다는 것의 실화이다.

『열녀전』에 백종伯宗의 아내는 선견지명先見之明으로 백종의 후사를 계승시킨 일화가 게재되어 있다.

─────

* 『삼국지三國志』는 진晉나라 진수陳壽가 편찬한 삼국시대(三國時代; 魏, 蜀, 吳)의 역사서이다.

제5장 마음을 수련하는 법

자신을 삼가고 마음을 수련하는 방법

장경부(張敬夫; 栻)는 「주일잠主一箴」에서 말했다.

"의복과 관을 단정하게 하고 위를 보고 아래를 보는 시선을 존엄하게 한다.

마음을 침착하게 하고 깊이 생각하여 생활하며 하느님을 앞에 마주한 듯해야 한다.

걸음걸이는 반드시 중후하게 하고 손가짐은 반드시 공손하게 해야 한다.

길을 걸을 때에는 땅을 가려서 밟고 의봉(蟻封; 개미집)이라도 돌아서 가야 한다.

집 밖에 나가서는 손님처럼 하고, 일을 맡아서 할 때에는 제사를 모시는 듯하고, 조심하고 조심하여 감히 혹은 소홀함이 없어야 한다.

입 닫는 것을 병마개를 닫은 것과 같이 하고, 사특한 생각을 막는 것을 성을 쌓아 막는 듯이 하며, 진실하고 정일하게 하여 혹시라도 경솔하게 하는 행동이 없어야 한다.

동쪽으로 간다고 말하고 서쪽으로 가지 않고, 남쪽으로 간다고 말하고 북쪽으로 가지 않아야 한다.

일을 맡아서는 잘 살피고, 다른 일을 하는 것은 적당하지 않은 것이다.

두 가지 일로써 두 마음을 가지지 않고 세 가지 일로써 세 가지 마음을 가지지 않아야 한다. 마음을 오직 전일하게 하여 만물의 변화를 살펴보아야 한다.

이와 같은 마음으로 일에 종사하는 것을 '지경(持敬; 공경을 가지다)'이라고 하는데, 움직이고 정지하는 것이 어그러지지 않고 겉과 속이 서로 바르게 되는 것이다.

잠깐의 사이라도 '경敬'을 떠나면 사사로운 욕심이 이곳저곳에서 발단하여 불을 붙이지 않았는데도 뜨거워지고 얼리지 않았는데도 얼음처럼 차가워질 것이다.

털끝만큼의 차이가 있게 되면 하늘과 땅의 처지가 바뀌고 삼강三綱의 인간관계가 이미 침체되고 구법(九法; 洪範九疇)에 따르는 행동이 무너지는 것이다.

아아! 젊은 사람들아! 생각하고 공경할 지어다.

이러한 것들을 글로 써서 경계토록 하여 감히 영대(靈臺; 마음)에 고하노라!"

주희朱熹는 말했다.

"그림쇠(컴퍼스; 中規)로 원圓을 그리려고 돌리는 것은 그림쇠를 회전시키는 그 자리의 둥근 것이 그림쇠와 같게 하고자 하는 것이다. 곡자(中矩)로 직각을 그리려고 하는 것은 그 곡자를 대고 그리는 그 곳이 곡자와 직각이 같게 하고자 하는 것이다.

의봉蟻封은 개미집을 말한다.

옛 속담에 이르기를 '말을 타고도 개미집을 돌아간다.'고 했다. 개미집의 사이라고 말한 것은 마을의 길이 굽어지고 좁다는 것이다. 말을 타고 그 굽어지고 좁은 길을 돌아가면서도 말 달리는 절도를 잃지 않는다는 것은 대단히 어려운 일이다.

'입 닫는 것을 병마개를 닫은 것과 같이 한다.'고 한 것은 말을 아무렇게나 해서는 안 된다는 것을 뜻한다.

'사특한 생각을 막는 것을 성을 쌓아 막는 듯이 하다.'고 한 것은 사특한 잡념이 들어오는 것을 막는다는 뜻이다.”

또 말하기를 "경敬은 하나로 일관되어야 한다. 처음에는 하나의 일이 있었는데 하나를 다하게 되면 문득 둘이 되어 두 가지 일이 되는 것이다. 원래는 하나의 일이었는데 또 두 가지 일이 겹치게 되면 문득 세 가지의 일이 되는 것이다.”고 하였다.

'잠깐의 사이'는 시간으로써 말한 것이고 '털끝만큼의 차이'는 일로써 말한 것이다.

임천오씨臨川吳氏는 말했다.

"경제잠敬齋箴은 모두 10장이며 장마다 4구句씩으로 이루어졌다. 1장은 고요한 상태에서 어긋남이 없는 것을 말하고, 2장은 움직이는 상태에서 어긋남이 없어야 한다는 것을 말했다.

3장은 겉모습을 바르게 해야 한다는 것을 말했고, 4장은 속마음을 바르게 해야 한다는 것을 말했다.

5장은 마음이 올바르고 일에 통달해야 한다는 것을 말했고, 6장은 일에서는 하나로 일관하되 마음에 근본해야 한다는 것을 말했다.

7장은 앞의 6장을 총괄한 것이고, 8장은 마음의 잡념을 없애지 못하는 병폐를 말했다.

9장은 일을 하는 데 한곳으로 집중하지 못하는 병을 말했고, 10장은 편 전체를 끝맺음하여 총괄한 것이다."

진덕수眞德秀는 말했다.

"경敬의 진실한 의미는 이에 이르러서는 더 부연할 것이 없다. 성학聖學에 뜻을 두고 있는 학자는 거듭 익히고 복습할 것이다."

이황李滉은 말했다.

"경재잠敬齋箴의 제목 아래에는 주희가 스스로 설명하기를 '장식張栻의 「주일잠主一箴」을 읽고 그가 남긴 뜻을 모아 경재잠을 지어서 서재의 벽에 써 붙이고 스스로 경계하였다.'고 했다. 또 이르기를 '이것 또한 경敬의 조목이며, 이 내용은 허다한 경우에 해당한다'고 했다. 내가 생각하건대 경재잠에 나오는 설명은 공부를 하는 데 좋은 근거가 될 것이다."

김화金華 땅의 왕백王柏은 경재잠을 배열하고 이의 도록을 그렸다. 경재잠이 명백해지고 가지런해져 다 제자리를 찾음이 이와 같았다. 평소 늘 몸소 완미하고 일상생활 속에서 마음과 눈으로 경계하고 살핀다면 얻는 것이 있을 것이다.

경敬이 성학聖學의 처음과 끝이 된다는 것을 어찌 믿지 않을 것이겠는가?"

경敬은 '공경하다, 삼가고 조심하다'의 뜻이다. 곧 자신을 삼가고 조심하여 공경하는 마음을 가지는 것은 진실한 곳으로 가는 길인 것이다.

『중용』에서 '성자誠者는 하늘의 도道이고 성지자誠之者는 사람의 도道이다.'고 했다.

경敬은 곧 '진실한 곳으로 가는 길〔誠之者〕'이며, 자신을 공경하고 삼가는 일은『대학』의 성의誠意의 공부이고 정심正心의 공부이며 수신의 공부이기도 한 것이다.

'진실한 것'이란 하늘의 도이고 '진실한 곳으로 가는 길'이란 사람의 도라고 한 것은, 인간은 진실하려고 노력하기 때문이다. 곧 자신을 삼가고 조심하여 공경하는 마음으로 일상을 삼는다면 이것이 진실하여지려고 하는 공부이기도 하다.

그래서 경敬이란 진실한 것으로 가려고 하는 시작의 공부인 동시에 격물格物과 치지致知에서 성의誠意의 공부이고 정심正心의 공부이며 수신修身의 공부이다.

경敬은 시작하면 죽음에 이르도록 그침이 없어야 한다. 경敬의 공부는 자신이 죽음에 이르러서야 중지되는 것이다. 경敬을 잠깐이라도 자신의 몸에서 떠나게 한다면 그동안의 닦은 공부는 모두 허사가 되는 것이다.

이처럼 경敬은 성문聖門에서 일상적으로 생활화하는 공부이기도 하며, 예禮가 몸에 익혀져 일상화되는 공부이기도 하다.

---

* 장경부張敬夫는 남송南宋의 도학자道學者 장식張栻으로, 경부敬夫는 자이다. 호는 남헌南軒이고 주희朱熹의 벗이다.

* 진덕수眞德秀는 송宋나라의 학자이다. 자는 경원景元이고, 서산西山선생이라고 하며, 주자학파朱子學派이다.

* 왕백王柏은 김화金華 땅 사람으로, 호는 노제魯齋이다.

자신의 외상外相을 바꾸는 방법

『예기』옥조玉藻편에, 공자는 군자의 모습은 여유가 있고 단아해야 하며 존경하는 사람을 만났을 때는 언행을 삼가고 신중해야 하는 아홉 가지를 말했다.

"사람이 걸음을 걸을 때에는 무거운 것을 들었다 공손하게 내려놓는 듯이 해야 한다.

손을 사용할 때나 사용하지 않을 때 손의 자태는 항상 공손하게 해야 한다.

눈으로 사물을 볼 때에는 반드시 단정히 하고 곁눈질하거나 사특하게 보는 듯하는 눈빛이 없어야 한다.

입의 모양은 반드시 반듯하게 다물고 방정한 모습을 나타내야 한다.

말소리는 반드시 고요하고 정중하게 하여야 한다.

머리의 모습은 반드시 곧게 세워서 기울어지지 않아야 한다.

자신의 기품은 반드시 단정하고 엄숙함을 유지해야 한다.

서 있는 태도는 반드시 중후하고 덕이 있게 해야 한다.

얼굴의 안색은 반드시 온화하고 정중하게 해야 한다."

이상의 아홉 가지 용모〔九容〕는 자신의 외상外相을 바로잡아 외모를 빛나게 하고 밖으로 나타나는 불길한 상이 없게 하는 것이다. 곧 외모를 가꾸는 법이며, 군자가 가져야 하는 일상의 준칙이다.

이러한 것을 몸에 익히는 것은 별로 어렵지 않아 보여도 실행하기란 쉽지 않은 일이다.

일상의 행동 준칙으로 삼아 실천한다면 자신의 모습을 군자다운 모습으로 바꾸는 것이 아니겠는가!

곧 마음에 경敬을 간직하고 남에게는 겸손한 것이다.

외상外相이 좋은데도 억울하게 죽은 사람을 들자면, 아름다운 용모에 문무를 겸비한 사람으로 진晉나라의 혜강嵆康이 있고 조선朝鮮朝에는 남이南怡 장군이 있는데, 이 두 사람은 너무나 기세가 강하고 겸손이 부족해 사람들에게 질시를 받았던 것이다.

힘써 자신의 상相을 바르게 가꾼다면 외모도 아름다워지고 겸손한 것도 갖추어지며 또 행운이 따라온다는데 일상의 사람들이라도 군자의 몸가짐을 따라 한번쯤 시도해 보면 좋지 않겠는가!

자신의 내상內相을 바꾸는 방법

～

『논어』계씨季氏편에, 공자는 심덕心德을 바르게 갖는 아홉 가지 방법을 말했다.

"사물을 관찰하는 눈은 반드시 명확하고 투명하게 가져야 할 것을 생각한다.

모든 소리를 들을 때에는 반드시 정확하고 확실하게 들어야 할 것을 생각한다.

얼굴의 표정은 항상 온화하게 해야 할 것을 생각한다.

얼굴의 모습은 반드시 공손하고 단정하게 할 것을 생각한다.

언어는 반드시 바르고 충성스런 말을 할 것을 생각한다.

모든 일을 맡을 때에는 반드시 공경하고 신중을 기해야 할 것을 생각한다.

의심이 있는 일은 반드시 묻고 정확히 알아야 할 것을 생각한다.

분노가 있을 때에는 반드시 분노한 뒤에 일어날 어려운 상황을 생각한다.

무엇을 습득했을 때에는 그것이 반드시 의로운 것인가를 생각한다."

이상의 아홉 가지 생각[九思]은, 심덕心德을 바르게 갖는 아홉 가지 방법이다. 또 사회에서 존경 받는 덕을 갖춘 군자의 언제나 노력하는 모습을 말한 것이다.

이러한 생각을 가지게 되면 심덕心德이 올곧게 자리 잡아 활덕活德으로 변화하는 것을 얻게 되며 또 외상外相의 변화도 일으킨다고 했다.

내상에 변화를 일으키게 되면 자연적으로 외상外相에도 변화가 일어나게 된다.

안과 밖의 상相이 변화를 일으켜 화락한 모습으로 변하게 되면 자신의 생에 다가오는 재앙을 막는 것은 물론이고, 재앙이 다가오는 것이 사전에 방비되어 좋은 일만을 얻는다고 했다.

그의 대표적인 사람이 송宋나라의 범중엄范仲淹이다.

집안이 가난하여 어머니는 삯바느질을 하여 힘들게 범중엄을 교육시켰다. 나이 어린 중엄은 어머니의 고생하는 모습에, 하루는 장안에 유명한 관상가가 있다는 소문을 듣고 늦은 시간에 손님이 없는 틈을 타서 찾아가 절을 올리고 물었다.

"제가 재상宰相이 되겠습니까?"

관상가는 의외인지라 자세히 살펴보더니 말했다.

"재상이 될 관상은 아니다."

범중엄이 다시 물었다.

"그러면 의사는 되겠습니까?"

관상가는 의아하게 여기고 말했다. [당시의 의사는 천직이었다.]

"방금은 재상이 되겠냐고 묻고 지금은 의사가 되겠냐고 묻는 것은 무슨 까닭이냐?"

범중엄이 말했다.

"재상이 되어서 만백성을 구체하지 못할 바에야 의사라도 되어서 병든 사람이라도 구원하려고 합니다."

관상가는 일어나 어린 소년에게 절을 올리고 말했다.

"반드시 재상이 될 것입니다."

범중엄이 관상가에게 엉터리라고 하자 관상가는 어린 범중엄에게 설명했다.

"관상觀相은 외상外相과 내상內相이 있는데, 외상은 밖으로 나타난 형체이고 내상은 안에 숨어 있는 형상이며 눈으로 볼 수가 없는 것이오. 공자는 외상에는 재상의 상이 없으나 내상(內相; 心相)은 재상이 되는 데 충분하고도 여유까지 갖추고 있으니 반드시 재상이 될 것이오."

그 후 범중엄은 송나라 인종仁宗 때 명재상이 되었고 시호는 문정文正이다.

제사에서 재배再拜를 하는 까닭은

일배一拜는 생존해 있는 부모나 스승에게 먼 길을 떠나거나 돌아와서 뵐 때 한 번의 절을 하는 것이다. 무릎을 꿇고 큰 절을 올린다.

재배再拜는 제사를 모시는 데 있어 절을 올릴 때, 올릴 때마다 재배를 하는 것이다.

삼배三拜는 산천의 신령에게 올리는 절이며 천지인天地人을 뜻한다.

구배九拜는 절을 올리는 아홉 가지의 형식을 말하며, 계수稽首, 돈수頓首, 공수空首, 진동振動, 길배吉拜, 흉배凶拜, 기배奇拜, 포배褒拜, 숙배肅拜 등이 있다.

절을 한다는 것은 공경恭敬의 마음가짐이다. 부모나 스승에게 절을 올리는 것은 지극히 공경하는 데서 우러나는 행동을 하는 것이다.

일배(一拜; 한 번의 절)는 자식이 먼 길은 떠날 때나 오랜 기간 외출했다 돌아오거나 한 해를 넘기고 새해가 된 날 아침에 부모나 스승이나 고을의 어른에게 올리는 한 번의 큰절이다. 또 빈객賓客과 처음 상면하게 되면 서로 한 번의 맞절을 하고 맞이하는 인사이기도 하다.

재배再拜는 기제사忌祭祀에서 제사를 모시는 데 있어 절을 올릴 때마다 한다.

어느 날 제주도에서 어떤 분이 나에게 묻기를 "제사에 재배를 하는 까닭이 무엇 때문입니까?"라고 했다.

대답하기를 "기제사에 재배再拜를 하는 것은 사람이 죽으면 혼백(魂魄; 陽陰)이 분류되어 음陰인 백(魄; 육신)은 땅에 묻히고 양陽인 혼(魂; 신령)은 하늘로 올라가 있다고 여기는 것입니다. 그러므로 하늘에 계시는 혼〔신령〕님 '오셨습니까!' 하고, 또 땅에 묻혀 있는 백〔육신〕님 '오셨습니까!'라고 하여 재배를 올리는 것입니다."라고 답했다.

돌아가신 부모나 선조에게 제사를 모시는 것은, 자신의 아들딸들에게 효孝의 실천을 보여주는 한 방편이기도 하다. 살아 있는 자식이 돌아가신 부모를 공경히 모시고 제사하는 일이란, 자신의 자손들에게 돌아가신 부모에게 정성을 다하는 성의를 보이는 것으로써, 자손들도 살아 있는 나에게 공경을 다하라는 가르침이고 그것을 실천해 보이는 예의의 한 방편이며, 이것이 제사의 의의인 것이다.

남을 섬기지 않는 자는 남도 자신을 섬기지 않는다는 것을 알아야 한다. 남을 섬길 줄 알아야 남도 자신을 섬기는 것이다.

삼배三拜는 천지인天地人을 뜻하며, 천지산천신명天地山川神明에게 제사하는 데 사용되는 절이다.

구배九拜는 아홉 가지의 절을 하는 방식을 말한 것이다.

계수稽首는 머리가 땅에 닿을 만큼 공손하게 하는 절이다.

돈수頓首는 머리가 땅에 완전히 닿아 있는 절이다.

공수空首는 머리를 손이 있는 곳까지 숙이는 절이다.

진동振動은 몸을 전율시켜 당황한 상태에서 하는 절이다.

길배吉拜는 절을 하고 뒤에 이마를 땅에 대는 것이다.

흉배凶拜는 머리를 땅에 댄 뒤에 절을 하는 것이다.

기배奇拜는 절을 한 번으로 끝내는 것이다.

포배襃拜는 절을 두 번 올리는 것이다.

숙배肅拜는 아래로 허리를 굽히는 것이며, 지금의 읍揖을 하는 것과 같이 하는 것이다.

이상은 일배, 재배, 삼배와 구배의 뜻을 풀이한 것이다. 『주례』 춘관종백春官宗伯편에 대강이 기록되어 있다.

---

* 배拜는 공경하여 머리를 숙이는 인사이고, 또는 감사를 표하는 인사이기도 하다.

반신반의하면 성공하지 못한다

『상군서』의 경법更法에는

"반신반의半信半疑하면서 행동하면 명성을 얻을 수가 없고, 반신반의하면서 일을 하면 사업을 성취시킬 수가 없다.

고결한 행동을 하는 자는 진실로 세상에 따돌림을 당하고, 독특한 지혜를 가진 자는 반드시 백성에게 오만하게 보이는 것이다.

속담에는 '어리석은 자는 일을 성사시키는 데도 어둡고, 사리를 분별할 줄 아는 자는 일이 싹트지 않은 데서도 앞을 내다본다.'고 했다.

백성이란 함께 더불어 일의 시작을 도모할 수는 없으나 성취한 공업을 함께 즐길 수는 있는 것이다.

지극한 덕을 논하는 자는 풍속과 화합하지 않고, 거대한 공로를 성취하는 자는 백성과 일을 도모하지 아니한다."고 했다.

확고한 신념이 없이 반신반의하면서 행동한다면 명성을 얻을 수 없는 것은 물론이고 반신반의하면서 사업을 시작한다면 사업의 실패는 불을 보듯이 훤한 것이다.

무엇을 하건 진실한 마음을 가지고 진실하게 실행에 옮겨야 성공을 거두는 것이다.

또 행동이 고결한 자는 세상과 어울리지 못해 따돌림을 당하는 것이 일쑤이며, 뛰어난 지혜를 가진 자도 뭇 사람들에게 오만하게 보이고 시기를 당하는 것도 사실이다.

세상을 산다는 것은 이래저래 쉽지만은 않은 것이다. 여기에는 자신을 겸손하게 하고 지혜를 숨겨 세상과 어울리는 법을 배워야 한다. 그것은 장경부張敬夫의 경敬의 공부인 것이다.

정치인도 마찬가지다. 너무 잘난 체하면 모두에게 적이 되고, 그렇다고 어리석은 듯이 한다면 모자라는 사람으로 보일 뿐이다.

세상의 처신이란 참으로 어려운 것이다.

또 백성들이란 함께 거대한 사업의 시작을 도모할 수는 없으나 성취한 공로를 함께 즐길 수는 있다고 상앙은 말했다.

지극한 덕을 논하는 자는 세상의 풍속과 화합하지 않고, 거대한 공로를 성취하는 자는 백성과 더불어 일을 도모하지 않는다.

현대의 정치인들은 상앙의 이러한 말을 깊이 새겨 보아야 할 것 같다.

---

* 『상군서商君書』는 전국시대戰國時代 위衛나라 공손앙公孫鞅의 저서이다. 공손앙은 형명학刑名學을 좋아하여 진秦나라 효공孝公을 섬겼으

128

며 법령을 고치고 부국강병富國强兵책을 써서 치적을 이루었으나 너무 준엄한 법을 사용하여 귀척과 대신들의 원망으로 효공이 죽은 뒤에 차열(車裂; 사지가 찢기는 형벌)의 형벌을 받았다. 상商 땅에 봉함을 받아 상군商君이라고도 했다.

군주는 신하를 어떻게 대해야 하는가

『맹자』의 이루離婁 하편에는

"군주가 신하를 대우하는 것을 자신의 손이나 발처럼 여기면 신하는 군주를 대하는 것을 심복(心腹; 배와 가슴)과 같이 여긴다.

군주가 신하를 보기를 개나 말처럼 여기면 신하는 군주를 대하는 것을 길에 지나가는 길의 통행인 정도로 볼 것이다.

군주가 신하를 보기를 흙 위의 지푸라기와 같이 여기면 신하는 군주 대하기를 구수(寇讎; 도적이나 원수)와 같이 여긴다."고 했다.

이는 지도자가 인재를 등용하고 우대하는 데 있어 가슴 깊이 새겨야 할 말이라 하겠다. 지도자뿐만 아니라 현대의 기업을 경영하는 기업가도 항상 마음속에 간직해야 할 말이다.

인간은 대개 자신이 특별한 대우와 사랑을 받게 되면 자신을 돌보지 않고 분골쇄신粉骨碎身하는 경향이 있다.

기업인이 근로자를 자신의 손과 발처럼 여긴다면 근로자는 열심히 기업을 위해 일로써 보답할 것이다. 이로써 기업은 성장하고 사회도 함께 발전하는 것이다.

그런데 기업가가 종사자를 하나의 근로자로만 여기면 근로자는 기업주를 자신의 고용인으로만 여겨 하루의 일과를 채우는 것만으로 일을 하게 되는 것이다. 또 근로자는 좋은 일자리가 있다면 언제든 그곳으로 옮겨 갈 것을 생각하게 되는 것이다.

기업주가 회사원을 어떻게 생각하는가에 따라 회사원이 기업을 위하는 마음도 달리 한다는 것을 보여 주는 것이다.

이는 서로를 공경하지 않는다면 상대는 자신을 더 천한 상대로 생각한다는 것을 지도자는 물론 기업가들이 평생 마음에 새겨야 할 명언名言이라고 할 것이다.

『육도삼략六韜三略』에 강상(姜尙; 태공)이 "물고기를 잘 낚는 사람의 미끼는 향기롭다."고 했다.

위의威儀란 무슨 뜻인가

『시경詩經』대아大雅 억抑의 시詩에는
"위의威儀를 삼가고 공경해야 백성이 법칙으로 삼으리라."고
했다.

춘추시대春秋時代에 위후衛侯는 초楚나라에 있었는데, 그를 수행
한 북궁문자北宮文子가 초나라 영윤令尹인 위圍의 위의威儀를 보고
위후에게 말하기를 "영윤 위圍는 장차 재앙에서 벗어나지 못할 것
입니다.『시경』에는 '위의를 삼가고 공경해야 백성이 법칙으로
삼으리라.'라고 했는데, 영윤인 위는 위의가 없으니 백성들이 본
받는 것이 없을 것입니다. 백성들이 본받을 것이 없는데도 백성들
의 윗자리에 있으니 그의 끝을 잘 지켜내지 못할 것입니다."라고
했다.

위후가 말했다.

"좋은 말입니다. 그런데 어떤 것을 위의威儀라고 말하는 것입
니까?"

북궁 문자가 대답했다.

"위엄이 있어 두렵게 하는 것이 가한 것을 위(威: 위엄)라고 이르고, 기거동작起居動作에 본보기가 있는 것을 의(儀: 법칙적인 행동)라고 이르는 것입니다. 군주는 위엄이 있는 기거동작이 있으면 그의 신하는 두려워하면서도 사랑하는 것이 있고 법칙으로 삼아 본받는 것입니다. 이 때문에 군주는 국가를 소유하고 백성에게는 좋은 평판이 있게 되어 세상에 오래 가게 하는 것입니다.

신하가 신하의 위의威儀가 있다면 그의 아래에서는 두려워하면서도 사랑하며 본받는 것입니다. 그러므로 능히 자신의 관직을 지키고 종족을 보호하고 가족을 마땅하게 하여 이것으로써 아래에서 따르게 하는 것입니다. 모두가 이와 같아야 이로써 위와 아래는 서로 능히 견고하게 되는 것입니다.

위시衛詩에 '의젓한 나의 위엄은 굽힐 수도 더욱 없다네.'라고 한 것은 군주, 신하, 위와 아래, 부자, 형제, 내외, 대소 모두가 위의가 있다는 것입니다.

주시周詩에는 '제사를 돕는 붕우[빈객]들이 위엄과 예의를 다 지키네.'라고 한 것은 붕우의 도道는 반드시 서로 위의로써 가르치는 것을 말하는 것입니다.

그러므로 군자는 지위에 있으면 가히 두려워하고 등용되거나 등용되지 않아도 가히 사랑합니다. 나아가고 물러나는 것을 법도로써 하고 기거동작을 법칙으로 합니다. 행동거지를 관찰하는 것이고 사업을 일으키는 것도 본받는 것입니다. 덕행을 본받는 것이

며 목소리와 기운을 즐거워합니다. 동작에는 문채가 있고 언어에
는 문장이 있어 위와 아래에 다다르는 것입니다. 이러한 것을 위
의威儀가 있다고 이르는 것입니다."

이는 위의威儀가 사람에게 있어 얼마나 중요한 것인가를 일깨
어주는 말이다.

『시경』의 증민의 시에는 "훌륭한 거동 훌륭한 모습. 마음 적게
하여 공손하며 옛 교훈을 본받으며 위의威儀 갖추기에 힘쓰네."라
고 했다.

---

* 위후衛侯는 춘추시대 위衛나라의 양공襄公으로, 이름은 악惡이다.
* 북궁문자北宮文子는 위나라 대부大夫로 이름은 타佗이고 성은 북궁北
  宮이다. 북궁문자가 말하는 '위의威儀'는 예의禮儀에 알맞아 위엄威嚴
  이 있는 거동을 뜻하는 것이다.
* 위시衛詩는 『시경』 패풍邶風의 백주柏舟의 시이고, 주시周詩는 『시경』
  대아 기취旣醉의 시이다.

체험한 것은 깊고 배우는 것은 얕다

『진서晉書』에, 동해왕東海王 월越이 아들에게 타일러 말했다.
"배워서 보탬이 되는 바는 얕고 체험하여 익히는 것은 깊다.
한가한 때에 예절과 의용儀容을 익히는 것은 의용을 보고 본받는
것만 같지 못한 것이다.
유언遺言을 외어 아름답다고 여기 것은 친히 음지(音旨; 말)를 계승
하는 것만 같지 못한 것이다."

학문은 배워서 실천하는 것을 최우선으로 삼는 것이다. 이러한 것
을 언행言行이 일치하는 것이라고 한다. 배우고 실천이 없으면 공
허한 학문이 되는 것이다.

또 직접 체득하여 읽힌 바는 몸에 배어서 행동의 일원이 되어
잘 잊지 않는다. 그러므로 학문은 배운 것을 실천하는 것을 최선
으로 삼는 것이며, 곧 언행일치言行一致하도록 하려는 것이다.

사람으로서 배운 것을 실천하는 것은, 또 성인聖人이 되는 길로
가는 것이기도 하다. 보통사람이나 성인聖人의 차이는 아는 것을

실천하고 실천하지 않는 것의 차이에 있는 것이다.

배우기만 하고 실습을 하지 않는다면 공허한 학문이 된다는 것을 깨달게 한 것이다.

『논어』에는 "배우고 때때로 익히면 또한 기쁘지 않겠는가!"라고 했다.

---

* 『진서晉書』는 당唐나라 태종太宗이 방현령房玄齡, 이연수李延壽 등에게 명해 편찬한 서진西晉과 동진東晉의 역사서이다. 130권이며 기전체紀傳體로 되어 있다.

* 동해왕월東海王越은 고밀왕高密王 태泰의 둘째 아들이다.

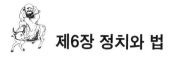

제6장 정치와 법

한 고조의 세 가지 법

『사기史記』에는

"한고조(漢高祖; 劉邦)는 약법 삼장三章을 선포했다. 그의 약법 삼장은 살인殺人, 상인傷人, 도盜이다."고 했다.

한漢나라의 유방劉邦이 처음으로 관중關中으로 쳐들어가 진秦나라의 모든 법을 없애고 세 가지의 법만을 선포했다.

"사람을 죽인 자는 죽음으로써 한다.

사람을 상처 낸 자는 똑같이 상처를 내게 한다.

도둑질한 자를 처벌한다."

이상의 세 가지 법으로 관중關中의 백성들에게 호응을 얻고, 마침내 항우項羽를 물리치고 한나라를 세우게 된 것이다.

법은 만능萬能이 아니다. 법은 많을수록 그것을 피하는 방법도 많게 되는 것이다. 따라서 법은 적을수록 좋은 것이다.

공자는 법보다는 예를 강조했다. 사람들이 예를 알면 자신의 부끄러운 것을 알게 되며, 부끄러운 것을 알게 되면 도리에 어긋나는 행동을 하지 않는 것으로, 예를 가르치는 것이 법보다 좋은 것이라고 했다.

---

* 『사기史記』는 한漢나라의 사마천司馬遷이 찬撰한, 130권으로 이루어진 역사서歷史書이다. 황제黃帝에서 한漢의 무제武帝에 이르기까지 3천여 년의 일을 적은 기전체紀傳體의 역사서이다. 12본기本紀, 10표表, 8서書, 30세가世家, 70열전列傳으로 이루어 졌다.

* 한고조漢高祖는 전한前漢의 유방劉邦이며 자는 계季이다. 강소성 패현沛縣 사람이다. 초楚나라 회왕懷王의 명을 받고 항우와 길을 나누어 진秦나라를 공략하여 먼저 관중으로 들어갔다. 그 후 항우와 다투기 5년. 마침내 국내를 통일하고 한漢나라의 왕조를 장안長安에 세웠다.

* 기전체紀傳體는 본기本紀, 열전列傳, 각종 제도의 연혁을 중심으로 하여 적은 역사의 한 체體이다.

진선進善의 깃발과 비방誹謗의 나무

『사기』 효문제孝文帝의 조서에는
"요堯임금은 착한 일을 올리는 깃발과 비방하는 나무를 세우게 하였다."고 했다.

동양의 학자들은 요순堯舜의 정치사상을 태평성세를 이룬 모범의 정치형태로 항상 칭송해 왔다.

이는 요임금이 착한 일을 한 사람을 추천하여 올리게 하고 그들을 등용하였으며, 자신의 정치를 비방하는 나무를 세워 자신의 실정을 기록하게 하여 잘잘못을 바로잡고 시정하였고, 이로써 태평성세의 치적을 이루었기 때문이다.

봉건시대에 정치의 잘못을 비방하게 하고 그의 비방이 옳으면 시행하던 정책을 고친다는 것은 지금의 사회에서도 이행하기 어려운 일일 것이다. 이것이 성스런 군주로서의 행동이었으며 후세의 정치의 규범이 된 것이다.

지도자가 자신의 잘못을 인정하고 그것을 시정할 수 있는 마음이 있다면 그 시대는 참다운 정치가 실현되는 것이고, 그로 인해 백성은 편안한 삶을 살아갈 수 있는 것이다. 이러한 정치는 언로 言路가 트인 현대 사회에서도 시행하기 어려운 것이다. 이 때문에 학자들은 지금도 요순의 정치를 훌륭한 정치라고 칭찬하고 있는 것이다.

『서경』에는 "대우大禹가 '임금이 임금 노릇 하는 것을 어렵게 여기고, 신하가 신하로서의 어려움을 알게 되면, 정사가 곧 다스려지고 백성이 덕에 빠르게 감화될 것입니다.'라고 말했다.

순임금이 '그렇소! 진실로 그와 같이 하면 선한 말이 숨겨질 데가 없고 초야에 어진 이가 묻혀 있지 않게 되어 천하가 모두 편안하게 될 것이오. 모든 사람에게 의논하여 자기의 뜻을 버리고 남의 의견을 따르며, 의지할 곳 없는 사람을 학대하지 않고 곤궁한 사람을 버려 두지 않는 일들은 오직 요임금만이 하실 수 있었소.'라고 말했다."고 기록했다.

---

* 효문제孝文帝는 전한前漢의 제5대 황제이며, 이름은 유항劉恆이다. 여씨呂氏들의 난을 평정하고 즉위하여 검소하게 생활하는 것을 행동으로 보였으며, 농본주의農本主義를 내세워 치세의 방침으로 삼았다. 또 검소한 장례를 자신이 죽은 뒤에 시행케 했던 군주이기도 하다.
* 요堯는 고대 중국의 성군聖君이며 당요唐堯라고도 한다. 요임금은 천하를 순舜임금에게 선양禪讓했다.

죄는 법을 맡은 관리의 손에서 이루어진다

『후한서』화제和帝의 조서에서 말했다.

"명령이 내려지면 간사한 것이 발생하고, 금지하면 이에 사특한 것이 일어났다. 법을 교묘하게 하고 법률을 쪼개서 문장을 꾸미고 법에 말을 더한다. 이에 재물이 말에서 행해지고 죄는 법관의 손에서 이루어진다."

옛날이나 지금이나 별로 다른 것이 없다.

명령이 내려지면 그에 따르는 간사한 것이 발생한다. 새로운 법이 제정되면 새로 제정된 법에 따라 피할 수 있는 방법을 생각하게 되는 것이다. 여기에는 금전이 오고간다.

금전이 오고가는 크기에 따라 죄를 가볍게 하고 죄를 무겁게 하는 것은 붓을 가진 자[법관; 法官]에게 있는 것이다. 이러한 관행은 아주 오래 전부터 행해진 것으로, 그것을 근절하는 것은 불가능한 일이었다. 한나라의 화제和帝 때에도 이러한 일이 행해진 사실이 있어서 조서에 이 말을 기록했을 것이다.

중국의 한나라 무제武帝 때에 모든 죄에는 속죄금贖罪金을 정해놓고 돈으로 죄수를 방면하기도 했다. 이때부터 유전무죄有錢無罪 무전유죄無錢有罪의 사자성어가 생성되어 내려온 것이다.

---

* 화제和帝는 후한後漢의 효화황제孝和皇帝로, 이름은 조조肇이며 숙종肅宗의 넷째 아들이다.

위엄이 군주를 떨게 한 자는 온전하지 못했다

『후한서』에, 신도강申屠剛이 대책에서 말했다.

"대개 공로가 천하에서 으뜸인 사람은 불안하고, 위엄이 군주를 두렵게 하는 사람은 온전하지 못했다."

세상의 이치가 그러한 것이다.

최고의 공로는 다른 사람이 다시 세울 수 있는 것이니, 공로를 빼앗길까 봐 마음이 불안하다.

공로의 위엄이 남을 두렵게 하면 그 두려움을 받는 군주는 항상 경계의 대상으로 삼고 또 항상 기회를 보아 제거하려고 하는 것이다.

또 최고의 자리는 그 자리에 오르려고 무수한 사람들이 경쟁하는 것이고, 최고의 자리에 있는데 누가 그의 자리를 위협한다면 그 사람을 제거하려고 할 것이니, 온전하게 있는 것은 불가능한 것이다.

그래서 최고의 지위에 오르면 항상 겸손하고 인仁을 베풀어 남을 감싸야 하는 것이다.

겸손은 하늘도 좋아하고 땅도 좋아하며 사람도 좋아한다.

겸손한 것에는 시기하지도 않고, 덕을 쌓는 데 좋아하지 않을 사람이 없으며, 남에게 자신을 낮추는데 시비하지 않을 것이며, 공로가 높은데도 자랑하지 않는다면 세상을 사는 데 무슨 흠결이 있겠는가?

『주역』에는 지산겸地山謙괘가 있다. 곧 '땅과 산山은 겸손한 것이다.'고 했다.

단사象辭에서 '겸손하면 형통한다.'고 말한 것은 '하늘의 도는 내리 비쳐 밝게 빛나고, 땅의 도는 낮은 데서 위로 행하는 것이다. 하늘의 도는 가득한 것을 덜어서 겸손한 것에 더해 주고, 땅의 도는 가득한 것을 변화시켜 겸손한 곳으로 흐르게 하며, 귀신鬼神은 가득한 것을 해치고 겸손한 곳을 복되게 하고, 사람의 도는 가득 찬 것을 미워하고 겸손한 것을 좋아하는 것이다.'

이는 하늘, 땅, 귀신, 인간이 모두 오만방자한 것을 싫어한다는 것을 명백하게 지적하여 보여준 것이다.

또 인간은 명예나 재물에서 하나만을 선택해야 한다. 명예나 재물 모두를 탐하다 보면 반드시 무너지게 된다. 하늘은 인간에게 부와 귀를 모두 주지는 않는 것이다.

그런데 사람들을 탐욕을 부려 부富와 귀貴 두 가지를 다 가지려고 한다. 다 탐하다 보면 하늘도 미워하고 땅도 싫어하고 사람도 시기하는 것이다. 특히 학자는 명예만을 위하고 재물을 멀리해야

한다. 명예와 재물을 모두 탐하게 되면 반드시 패가망신하는 것
이다.

---

* 신도강愼屠剛의 자는 거경巨卿이고 부풍 무릉茂陵 사람이다. 관직은
  태중대부에 이르렀다.

경모법輕侮法이 만들어진 사연

『후한서』에, 장민이 말했다.

"대저 경모법輕侮法은 선제先帝의 일체의 은혜이며, 법에 조목으로 정해진 율령律令으로 만들어져 있는 것은 아니었습니다. 대저 죽이고 살리는 결정은 마땅히 위와 아래를 따르는 것이 마땅한 것으로, 마치 하늘에 네 계절이 있어 태어나기도 하고 죽기도 하는 것이 있는 것과 같습니다. 만약 겸하여 열어서 서로를 용서하고 나타내어 법으로 결정하는 것은 곧 이것으로 말미암아 간사한 싹을 베푸는 것이며 길이 죄의 원한만이 생겨날 것입니다.

공자께서 말씀하시기를 '백성을 이치의 당연함을 좇아 따르게 할 수는 있으나 그들로 하여금 어째서 그렇게 되어야 하는지를 다 알게 할 수는 없다.'고 했습니다.

『춘추』의 의에는 자식이 원수를 갚지 아니하는 것은 아들이 아니라고 했습니다.

법령을 감소시키고 만들지 않는 것은 상쇄相殺하는 길을 열어주지 않는 까닭이었습니다. 지금 의에 의탁해서 줄이는 것을 얻는다면 망령되이 죽인 자는 차등이 있게 되고, 법을 집행하는 관리는 교묘하게 속이는 것을 베풀어 얻게 되는 것은 '재류부쟁在類不爭'의 뜻으로 인도하는 것은 아닐 것입니다.

또 경모輕侮의 전례는 쌓여서 번자繁滋하여 4~5백 가지 조목의 법이 있는 데 이르렀으니, 옮겨서 서로 되돌아보고 다시 더하고 심한 것을 더해 만 년까지 전하는 것은 어려울 것입니다. 신이 스승의 말씀을 들었는데 '문文으로 구제하는 것은 질(質; 질박)만 같지 못하다.'고 했습니다. 그러므로 고제高帝께서는 번거롭고 까다로운 법을 제거하고 삼장三章의 약속을 만들었습니다. 건초建初의 조서에는 '옛것을 고치는 것이 있다면 삼공三公과 정위에게 내려서 그의 폐단을 제거하는 것이 가하다.'고 했습니다."

의논이 잠재워지고 살펴보지 않았다. 장민이 다시 상소해 말했다. "신臣 장민은 은혜를 입고 특별히 발탁 당해 어리석은 마음을 깨닫지 못하고 미혹된 뜻이 풀리지 않는바 진실로 감히 구차하게 모든 사람들의 의논을 따르지 못하겠습니다. 신이 엎드려 공자의 경전에 가르침을 보건대, 고요皐陶가 법률을 만든 것은 그 근본의 뜻에 근원하였고 모두 백성들을 위해 나쁜 것만을 금지시키고자 한 것입니다.

경모법을 깨우치지 못한다면 장차 어떻게 금지하겠습니까? 반드시 능히 시키지 않으면 서로 경모輕侮하지 않을 것인데, 번갈아 상쇄相殺의 길을 열어 준다면 법을 집행한 관리는 다시 그의 마음이 사곡한 것을 용납하게 될 것입니다. 어떤 이가 말하기를 '평등한 법에는 먼저 의논이 발생하는 것이 마땅하다.'고 했습니다.

신의 어리석은 것으로 생각하건대 천지의 성性은 오직 사람만이 귀함이 되고 사람을 살해한 자를 죽이는 것은 삼대三代의 통하는 제도였습니다. 지금 살리는 것을 좇고자 하면서 도리어 죽이는 길을 열어 주어 한 사람이라도 죽이지 않게 되면 천하는 무너지는 것을 받을 것입니다. 기記에는 '하나의 이로운 것을 위해 1백을 해친다면 사람들은 성곽을 버린다.'고 했습니다.

봄에는 만물이 태어나고 가을에는 만물이 숙살하는 것이 천도天道의 떳떳한 것입니다. 봄에는 하나의 물건이라도 마르게 되면 곧 재앙으로 삼고, 가을에는 하나의 물건이라도 꽃이 피면 곧 이변으로 삼는 것입니다.

왕자는 하늘과 땅을 계승하고 네 계절을 열어 성인聖人을 본받고 경률經律을 따르는 것입니다. 바라건대 폐하께서는 아래의 백성들을 유념留念하시고 이해를 상고詳考해 살펴 널리 의논을 공평하게 한다면 천하는 매우 다행스러울 것입니다."

경모법輕侮法은 한漢나라의 숙종(肅宗; 章帝) 때 시행하고 건초建初 년중에 의논을 확정해 만들었다.

장민張敏의 자는 백달伯達이고 하간河間의 막현鄚縣 사람이다. 건초建初 2년에 효렴으로 추천되었으며, 네 번을 옮겨서 상서가 되었다.

건초년중에는 어떤 사람이 있어 남의 아버지를 깔보고 욕보이

자 그의 아들이 깔보고 욕보인 자를 살해했다. 숙종이 그의 사형 死刑을 관대하게 해주고 형벌의 등급을 내려서 옥을 살게 했는데, 이 뒤로부터는 따라서 전례로 삼게 되었다.

　이때 드디어 그의 의논이 재가되었으며, 장제의 의논을 따라 '경모법輕侮法'이 처음으로 만들어졌다.

————

＊ 경모법輕侮法은 남을 업신여기면 처벌하는 법法이다.

쇠 띠를 훔친 자는 처벌받고
나라를 훔친 자는 후작이 된다

『사기』유협전游俠傳에는

"조그마한 쇠 띠(혁대)를 훔친 자는 법의 처벌을 받지만 나라를 훔친 자는 후작侯爵에 봉해지고, 후작의 문하門下에서는 인의仁義가 존재하게 된다."고 했다.

하찮은 혁대인 쇠 띠 하나를 도둑질한 사람은 법에 따라 처벌을 받는다. 그런데 한 국가를 완전히 훔친 반역자의 집안은 후작에 봉해지고 또 그의 문하門下에서는 인의仁義를 가르친다.

이것이 세상의 아이러니한 것이 아니겠는가? 곧 아주 작은 쇠 띠 하나를 훔치면 법에 처벌을 받고, 제정된 법보다 큰 것[국가]을 훔치면 법으로 처벌할 수가 없는 것이다.

자신은 인의를 지키지 않고 배신하여 국가를 훔쳤으면서, 훔치고 나서는 아랫사람들에게 다시 인의仁義를 강습시키는 일이야말로 세상의 큰 모순이라는 것을 비난한 것이다.

이것은 법이 강력한 힘에는 적용되지 못하고 항상 힘없는 사람

에게 적용되는 모순적인 것을 잘 나타내 주고 있는 것의 예시例示
이다.

아무리 힘이 쎈 사람이라도 수많은 백성들을 상대로 혼자서 대
적하여 싸울 수는 없는 것이다. 이러한 것으로 살펴볼 때, 법이란
강력한 자가 다수의 약자를 잘 통제하고 다스리기 위해 만든 것
이지 약자를 위해 만든 것이 아니라는 것을 알 수 있다.

---

* 『유협전游俠傳』은 호협豪俠한 기상이 있는 사람들의 일을 기록한 전
기傳記이다.

법이 만들어지면 간사한 것이 발생한다

『한서漢書』에, 동중서董仲舒가 말했다.

"법이 만들어져 나오게 되면 간사한 일이 생겨나게 되고, 명령이 내려지면 속이려는 일이 일어난다."

법으로 일을 규제하려고 하면 그것을 피하려는 간사한 일이 발생한다. 법이 시행되게 되면 그 법망을 피하려는 사기詐欺도 발생한다는 것이다.

이 때문에 성군聖君의 치세에는 될 수 있는 한 많은 법조문을 만들지 않았다. 간편한 법규로 많은 백성을 다스렸다.

법이 많으면 많은 법이 다 적용되지 못하고 일부는 사문화되는 것이 많아진다. 또 법은 많을수록 피하는 방법도 많아진다. 법은 강제 수단에 불과한 것이다.

반면 예禮로 습관화시키면 자신의 잘못에 부끄러운 것을 알게된다. 그러므로 공자는 법으로 다스리는 것보다는 예로써 다스려 백성들이 부끄러운 것을 알게 하면 관습법이 자연적으로 형성되어 사회의 규범이 성취되는 것이라고 한 것이다.

---

* 『한서漢書』는 전한前漢의 12세十二世 240년간의 기전체紀傳體의 사서 史書이다. 후한後漢의 반표班彪가 착수하고 그의 아들 반고班固가 대 성했으며, 8표表 등 완결시키지 못한 부분을 반고의 누이 동생인 반 소班昭가 보충했다. 총 120권이며 12제기帝紀, 8표表, 10지志, 70열 전列傳으로 구성되었다. 『사기史記』, 『후한서後漢書』와 아울러 삼사三 史라고 부른다. 주석서는 당唐의 안사고顏師古의 것을 정확한 것으로 여긴다.

세 성군은 어떻게 백성과 소통했는가

『회남자』에는 "감간敢諫의 북은 요堯임금이 세웠고 비방誹謗의 나무
는 순舜임금이 세웠으며 자신을 경계하는 땡땡이는 주 무왕이 세
웠다."고 했다.

태평성세의 정치는 언로言路가 잘 통하는 사회였다.

옛날에는 항상 요순시대堯舜時代의 태평성세를 정치의 대명사
로 떠올렸다. 그다음은 주周나라의 문왕文王과 무왕武王이었다.

요堯임금은 항상 신하들이 과감하게 간하는 것을 경청하고 노
여움이 없었으며, 신하들의 의견이 옳으면 시행하여 태평의 치세
를 이루었다고 했다.

순舜임금 또한 네거리에 비방의 나무를 세워 놓고 지나가는 사
람들이 정치의 잘잘못이 있으면 그 나무에 옳고 그른 것을 기록
하여 비평하게 했다. 순임금은 지적한 것의 옳고 그른 것을 가려
서 정치에 반영하여 치세에 태평을 이루었다.

주周나라의 무왕은 자신을 경계시키는 땡땡이를 설치하고, 자

신의 잘못이 있을 때는 그 땡땡이를 치게 하여 자신을 되돌아보게 하였다.

서로가 살던 연대는 달랐어도 방식은 크게 다르지 않았던 것이다.

이 세 분 성군聖君은 백성을 다스리는 방법이 다른 것같이 보여도 자신을 삼가고 옳은 것을 따른다는 점에서는 동일한 것이며, 또한 남의 의견을 잘 취합하였던 군주들이었다. 이 때문에 성군으로 추앙받고 치세에 성대한 태평을 이루었던 것이다.

———

* 감간敢諫은 과감하게 눈치 보지 않고 군주에게 간언을 올리는 것을 뜻한다.

예는 미연未然에 금하고 법은 이연已然에 금지한다

『한서』에 사마천司馬遷이 말했다.

"대저 예禮는 일이 그렇게 되지 않았을 때부터 금지하는 것이고, 법法이란 일이 이미 그렇게 된 뒤에야 베풀어지는 것이다. 법이 사용되는 바는 눈으로 보는 것이 아주 쉽고, 예로 금지하는 것은 그러한 것을 알기가 아주 어려운 것이다."

예禮는 일의 순서를 정하고 바르게 행동하는 것이다. 일의 순서를 정하고 바르게 행동하는 것은 옳고 그른 것이 정해져 있어 일에 잘못을 범하는 일이 없다. 이러한 방식이 정착되려면 오랜 시간이 필요하며, 그 증명이 나타나는 것은 더디고 더디다.

반면 법이란 일이 어그러진 뒤에 법을 제정하여 시행하는데, 그 효험은 바로 눈앞에 보인다.

그러므로 예는 정착되어 효험을 보는 데 오랜 시간이 소요되어 정착되는 것이 어렵지만, 실제로는 그렇게 되지 않게 하는, 곧 미연未然에 금지하는 것이 된다.

법은 이미 그러한 것들이 어그러진 뒤에야 만들어 방지하는 것으로, 예禮가 중요한 것이라는 것을 부각시킨 말이다.

---

* 사마천司馬遷은 무제 때 이릉李陵을 변호하다가 죄를 입고 속죄금贖罪金 3천 냥이 없어서 궁형宮刑을 당했다. 이후 실의에 빠졌다가 생각을 가다듬고 『사기史記』를 저술하여 불후의 명성을 남겼다.

사직의 쥐는 불태우는 것이 불가하다

『후한서』에, 우연虞延이 말했다.
"오래도록 성城의 사직社稷에 의지하면 불에 타는 것을 두려워하지
않는다."

오래도록 군주의 좌우에서 보좌하고 있게 되면 곧 두려울 것이
없다는 것을 말한 것이다.

춘추시대에 제齊나라 경공景公이 안자晏子에게 물었다.

"국가를 다스리는 데 무엇이 근심거리입니까?"

안자가 대답했다.

"사직(社稷: 국가)의 쥐가 근심거리입니다."

경공이 말했다.

"무엇을 사직의 쥐라고 이르는 것입니까?"

안자가 말했다.

"사직의 쥐를 불에 태우는 것은 불가한 것입니다. 군주의 좌우
의 신하는, 곧 국가 사직의 쥐와 같은 것입니다."

국가를 경영하는 지도자나 사업을 운영하는 사업가도 한번쯤
되뇌어 보아야 할 교훈이다.

---

* 우연虞延의 자는 자대子大이며, 후한後漢 때 진유의 동혼東昏 땅 사람
　으로 벼슬이 사도에 이르렀다.

당黨이 결성된 최초

『후한서』당고 열전黨固列傳에는

처음 환제桓帝는 여오후蠡吾侯가 되어 학문을 감릉甘陵 땅의 주복周福에게 배웠다.

천자의 자리에 오르는 데 이르러서는 주복을 발탁해 상서로 삼았다. 당시 같은 군의 하남윤河南尹 방식房植은 명성이 있어 조정과 대등했는데 고향 사람들이 노래를 만들어 말했다.

"천하의 구규(規矩; 법규)는 방백무房伯武인데 스승을 따라 주중진周仲進이 도장[印]을 얻었다네."

이에 두 집안의 빈객들은 번갈아 서로를 비평하고 비난했다. 드디어는 각각이 붕도(朋徒; 동아리)들을 심어 점점 더 틈새가 벌어지고 원한만이 쌓였다. 이로 인해서 감릉에는 남과 북의 부部가 있게 되었으며, 당인黨人이라는 의논이 이로부터 시작되었다.

당黨의 발동이 오래 전부터 시작되었다는 것을 알 수 있는 것이다. 당이란 '패거리'라는 뜻이다.

우리의 조선조朝鮮朝에서도 선조宣祖 때 심의겸沈義謙과 김효원
金孝元이 동서東西 붕당의 시초가 되었다. 이에 노론老論과 소론少
論의 붕당으로 이어지고, 이들의 다툼으로 마침내 조선조는 멸망
의 길로 접어들었다.

현대의 사회에도 여러 당黨이 결성되어 있다. 세력이 약해지면
폐기하고 또 새로 결성하기도 하는데, 오늘날에도 정치는 당黨으
로써 이루어지고 있다.

당黨의 정치란 국가를 위할 때는 크게 발전하지만 당이 사당화
私黨化되어 진영陣營의 다툼으로 접어들고 이익 집단으로 변신하
면 이때부터 멸망의 길로 진입하는 것이다.

또 당이란 이념이 있어야 하는데, 지금의 우리나라의 정당은 이
념은 없고 패거리들의 싸움만 있는 것처럼 보인다. 확고한 이념이
없는 정당이다 보니 지도자가 바뀌면 정당도 소멸되고, 또 새로
창당하여 지난날 무수한 정당들이 사라져갔다.

이들은 모두 국민을 팔고 국민을 대변한다고 하면서 표를 위해
서는 좌우를 넘나들고 단체나 집단의 이익만을 대변하는 공약으
로 시선을 끌려 하고 있다.

이래서야 되겠는가?

어찌 보면 우는 어린애에게 사탕발림하는 한심한 일인 것이다.
국민이 깨우쳐야 우수한 지도자도 배출되는 것이다. 깨어 있지 않
은 국민에게는 위대한 지도자는 배출되지 않는다.

민주주의의 모순은, 깨어 있는 자나 무지한 자도 한 표의 행사

뿐인 것이다. 국민의 전체가 깨어 있을 수는 없겠으나, 숫자로 좌
우되는 사회에서는 다수가 깨어 있어야 한다는 뜻이다. 이 때문에
서유럽에서는 한때 어리석은 사람은 한 표, 지식인은 두 표로 하
자는 여론도 있었다고 한다.

---

* 『후한서後漢書』는 남북조南北朝시대 송宋나라의 범엽范曄이 지은 역
사서이다. 후한의 12제帝 196년간의 사적을 기록했다. 본기本紀 10
권, 열전列傳 80권인데, 뒤에 증보하여 지금은 120권이다.

군주에게 간하는 다섯 가지 종류

『대대례』에는 군주에게 간하는 것은 다섯 가지의 종류가 있다고 했다.

"첫째는 풍간諷諫인데, 환화(患禍; 재난)를 알고 넌지시 고하는 것이다.

둘째는 순간順諫인데, 간하는 말을 손순하게 하고 군주의 마음을
거스르지 않게 하는 것이다.

셋째는 규간規諫인데, 군주의 안색을 살피고 바르게 간하는 것이다.

넷째는 지간指諫인데, 그의 일을 지적하여 묻고 간하는 것이다.

다섯째는 함간陷諫인데, 국가의 해로운 것을 말하여 삶을 잊고 군
주를 위하는 것이다."

옛날 군주에게 간언諫言을 한다는 것은 그리 쉬운 일이 아니었다.
간언을 잘못하였다가 목숨을 잃는 경우가 허다했다. 이 때문에 간
언에도 조목을 만들어 말한 것이리라.

풍간諷諫은 재앙이 다가오는 것을 미리 알고 넌지시 일깨워 알
려서 경고의 말을 하는 것을 말한다.

순간順諫은 간언을 겸손하고 온순하게 하여 군주의 마음을 거

역하는 것이 없게 하는 것으로, 군주도 신하의 간언을 자연스러운 마음으로 듣고 판단을 내리게 하는 것이다.

규간規諫은 정도正道로써 군주의 안색을 살피고 올바른 말을 선택하여 간하는 것이다.

지간指諫은 사업을 벌이면 사업의 옳고 그른 것을 지적하고 백성의 편의와 피해를 거론하여 사업의 이익보다는 손해가 더 크다는 것으로 간하는 것이다.

함간陷諫은 군주가 하는 일이 국가에 해로운 것을 알리고 국가에 재앙이 닥칠 것이라고 경고하며 목숨을 내놓고 간언을 하는 것을 말한다. 오직 충성된 마음으로만 할 수 있는 것이다.

이상의 다섯 가지 간언의 조목은 현대사회에서도 지도자나 윗사람에게 건의할 때 자신의 행동반경을 살피고 적용하는 데 한번쯤 참고해 볼 사항이라 할 것이다.

---

* 『대대례大戴禮』는 전한前漢의 대덕戴德이 2백여 편의 『예기』를 줄여서 85편으로 만든 것이다. 이에 『예기』와 구별하여 이른다. 지금은 산일散逸하여 40여 편만이 전한다.

국가의 근심거리는 무엇인가?

춘추시대에 진평공晉平公이 숙향叔向에게 물었다.
"국가의 근심거리 가운데 무엇이 가장 큰 것인가?"
숙향이 대답했다.
"대신이 두터운 녹봉을 받으면서 지극하게 간하지 않고, 지위 낮은 신하는 감히 말하지 않으며, 백성의 정이 위로 통하지 않는 것, 이것이 가장 큰 근심거리들입니다."

봉건시대의 상황에서도 언로言路가 열려 있지 않는 것을 국가 근심의 제일 큰 것으로 여긴 것이다.

언로는 옛날 사회에서나 현대 사회에서나 아주 중요한 역할을 한다. 언로가 막히면 지도자는 독재獨裁를 하게 되는 것이다. 특히 옛날의 군주사회뿐만 아니라 오늘날의 민주사회에서도 언론은 권력과의 사이에 막혀서는 안 되는 중요한 요소의 하나이다.

언로가 막히면 군주는 독단을 할 것이고, 군주가 독단하게 되면 그것이 곧 독재인 것이다. 언로가 살아 있다면 독재의 피해가 드러나고, 반대의 목소리가 알려지게 되면 그의 독단은 시정되게 된다.

이렇듯 군주제君主制 사회에서의 태평성세가 언로가 통하는 사회였듯이, 현대의 진정한 민주사회도 언로가 통해야 하는 것이다.

---

* 진충陳忠의 자는 백시伯始이고 사공司空을 지낸 진총陳寵의 아들이다.

물이 맑으면 큰 물고기는 살지 않는다

『후한서』반표 전에, 자신의 후임인 임상이 가르침을 청하자 반표가 말했다.

"나는 나이가 늙고 지혜도 잃었는데, 임군(任君; 任尙)께서는 자주 대위大位에 올라 임무를 맡았으니, 어찌 반초가 능히 미칠 바이겠습니까! 반드시 부득이하다면 어리석은 말이라도 듣기를 바라겠소.

새외(塞外; 국경)의 관리와 사士는 본래 효자나 순손順孫은 아니며, 모두 죄와 허물이 있어 옮겨와 변방에 주둔한 것입니다.

만이(蠻夷; 오랑캐)는 새나 짐승의 마음을 품고 있어 기르기는 어렵고 무너지는 것은 쉽습니다. 지금 군君의 성품은 엄하고 성급합니다. 물이 맑으면 큰 물고기가 없을 것이고, 정사를 까다롭게 살피면 백성들의 화목한 것을 얻지 못할 것입니다. 마땅히 크게 편안하고 간략하게 하며 작은 과실은 너그럽게 하고 대강만을 통솔할 뿐일 것입니다."

반표班彪는 자신의 경험을 진솔하게 전했으나 임상은 일상적인 일이고 평소 아는 사항으로 별 것 아니라고 여기고 자신의 마음대로 정사를 폈다. 이에 서역에서 반란이 일어났다. 이로 인해 임상은 조정에 소환을 당했다.

'물이 맑으면 큰 물고기는 없을 것이고, 정사를 까다롭게 살피면 백성들이 화목한 것을 얻지 못하는 것이다.'고 한, 반표의 이 말은 일상적인 말인 것 같지만 실제로 정치의 대체가 함축되어 있는 핵심적인 말이라고 할 것이다.

반표가 일깨워 주는 핵심적인 이러한 대체를 깨우치지 못한 임상은 어쩌면 높은 지위에 오른 것 자체가 요행이었을 것이다.

진리는 항상 일상적인 교훈에 있는 것을 명심해야 한다.

---

* 반표班彪의 자는 숙피叔皮이고 후한 때 사람이다. 『한서漢書』를 편찬하다가 완성하지 못하고 죽어 아들 반고班固가 계승하여 완성시켰다.

보통사람은 선한 일도 나쁜 일도 함께한다

『후한서』원년爰延전에는
"보통의 사람은 더불어 선한 일을 함께하는 것도 가하고, 더불어
나쁜 일을 함께하는 것도 가하다."고 했다.

뛰어난 사람은 옳고 그른 것을 가려서 실행하지만, 보통사람은 함께 어울리는 부류에 따라 좋은 일을 함께할 수 있기도 하고 나쁜 일을 함께할 수 있기도 하다는 것을 말한 것이다. 이 때문에 친구는 뛰어난 이를 가려 사귀어야 한다.

뛰어난 이는 자신의 학문을 연마하여 옳고 그른 것을 판단하고, 자신을 수양하여 남들과 쉽게 휩싸이지 않고 좋은 일은 함께하고 나쁜 일은 함께하지 않는 것을 말한 것이다.

청淸나라 때 장조張潮가 지은 『유몽영幽夢影』에는 "구름에 해가 비치면 노을이 이루어지고, 솟아오르는 샘에 바위가 걸치면 폭포가 된다. 의탁하는 데 따라 달라지고 이름도 또한 비롯되는 것, 이러한 것이야말로 친구를 사귀는 도리에서 귀히 여기는 것이다."

고 했다.

어떤 사람을 사귀느냐에 따라 자신의 성취가 이루어지거나 혹은 패가망신하게 되는 것이 세상의 이치이다.

이러한 예를 보면, 제환공齊桓公이 관중管仲을 재상의 지위에 임명했을 때에는 천하에 패자霸者가 되었으나 관중이 죽음에 이르자 제환공은 보통의 군주로 변하였다. 결국 죽었을 때 시체에 구더기가 일어나도록 장례도 거행하지 못하는 비참한 처지에 봉착했다.

또 당唐나라 태종太宗은 위징魏徵이 보좌했을 때는 정관貞觀의 태평성세를 이루었으나 위징이 죽은 뒤에 고구려를 정벌하다 눈하나를 잃었다.

원연의 이 말은, 한나라의 환제桓帝는 보통의 군주로서 어떤 신하를 곁에 두느냐에 따라 치적治積이 달라진다는 것을 암시한 말이었다.

정치인이 자신의 사람을 등용할 때 귀담아 둘 말이라 하겠다.

---

* 원연爰延의 자는 계평季平이고 진유의 외황外黃 사람이다. 경서經書에 통달한 선비였다.

해치獬豸는 죄가 있는 자를 가려 치받았다

『강희자전康熙字典』에는

"치廌는 해치獬豸이고 뿔이 하나인 양으로, 본성이 죄가 있는 사람을 알고 치받았다. 고요皐陶가 죄를 판단하는 데 의심스러운 점이 있으면 해치를 시켜 치받게 하였다."고 했다.

해치獬豸는 본래 성품이, 어떤 사람에게 죄가 있는 것을 아는 지각이 있다고 한다.

고요皐陶는 요堯임금 때에 옥獄을 관장하는 관리로 옥사獄事를 다스렸는데, 죄를 판단하는 데 의심이 있으면 있는 해치를 시켜 치받게 했다.

해치가 치받으면 반드시 죄가 있다는 결론을 내렸다. 이에 세상에서 '치(廌; 법)'는 신령스런 짐승이라고 일렀다. '정직하지 않은 사람을 해치를 시켜 치받게 하는데, 해치가 가서 치받으면 죄가 있는 것이다.'고 했다.

법法이란 물〔水〕이 가득한 곳에서는 평평平平하여 그 공평을 나타내는 것으로 여겼다. 그러므로 율령律令을 모름지기 '물이 공평한 것과 같이 시행하는 것'이라고 했다.

이는 물이 흘러서 공평을 이루면 다시 흘러넘치고 또 흘러서 공평을 이루면 다시 흘러가는 것에 따른 것이, 곧 지금의 법(法)이라고 했다.

또 법이란 물과 같아서 너무 강력한 곳에는 적용되지 못한다.

강력한 힘의 바탕에서만 적용되는 것이며, 물이 흘러가서 도랑을 매운 후에 공평을 유지하는 것과도 같은 것이다. 그러므로 법이 평등하다고 하는 것은 세력이 강한 자가 많은 수의 약자를 상대하는 데 적용할 때만 평등한 것이다. 자신보다 강한 자에게는 적용시키지 못하는 것이 법이다.

이 때문에 옛날부터 이 세상에는 유귀무죄有貴無罪 무권유죄無權有罪라는 뭇 백성들의 비난이 있어 왔던 것이다.

거울에게는 추한 자도 원망이 없다

『촉서』이엄李嚴전의 주석에 습착치習鑿齒가 말했다.

"대저 물은 지극히 공평하여 간사한 사람도 법으로 취하고, 거울은 지극히 밝게 비추어도 못생긴 사람이라도 노여워하는 일이 없다. 물이나 거울의 하는 일은 능히 사물을 궁구하지만 원망하는 기색이 없다는 것은 그것에 사사로운 것이 없기 때문이다."

지금의 재판관들이 되새겨야 할 말이다. 지극히 공평하다고 느끼면 다시 재심再審을 요구하지 않을 것이다.

옛날 순임금은 중용中庸을 가지고 양쪽의 이야기를 다 듣고 판단을 내렸으며 모두가 수긍했다고 한다.

공자는 『논어』에서 "나는 재판을 하는 데 있어서는 다른 사람과 같지만 나는 반드시 재판을 없게 할 것이다."라고 말했다.

법관이 지극히 공정한 잣대를 가지고 옳고 그른 것에 적용한다면 이심二審, 삼심三審은 없어져 재판의 일도 줄어들 것이다. 재판의 당사자들이 정당한 판결이라고 승복한다면 재심을 요구하지 않을 것이기 때문이다.

법이란 항상 이현령耳懸鈴 비현령鼻懸鈴이기 때문에 많은 재판이 일어나고 또 이심, 삼심의 판결을 거쳐도 원고나 피고가 그 판결에 결코 승복하지 않는 것이다.

본래 법法이란 글자를 파자破字해 보면, 물 수〔氵〕변에 갈 거〔去〕의 글자로 되어 있다. 물이 흘러간다는 글자이다.

물이 세차게 흘러가면 그 위력으로 모든 것을 쓸어가지만 그의 피해는 약한 곳에 더 심하게 된다. 흐르는 물이 약하게 되면 물은 전체에 적용되지 못하고 일직선으로 흐르지도 못하며 약한 곳에만 적용된다.

파인 웅덩이를 채우고 다음의 파인 곳을 채우고 난 뒤, 또 다음의 파인 곳을 메꾸며 구불구불 흐르는 것이다. 이때는 허약한 곳에만 적용되는 것이다.

그러므로 강한 자에게는 적용시키지 못하고 법을 왜곡시키는데, 곧 이러한 때에 '이현령〔耳懸鈴; 귀에 걸면 귀걸이〕 비현령〔鼻懸鈴; 코에 걸면 코걸이〕'이라는 비난을 받는 것이다. 법관은 이것을 명심銘心해야 할 것이다.

공평公平은 물에서 취했으나, 물은 바닥을 가득 채워야만 공평해지고 가득차지 않으면 공평은 일률적으로 이루어지지 않는 것이다.

이것은 정의에 힘이 수반되지 않으면 정의가 성립되지 않는 것처럼 법에도 힘이 없으면 법이 무력화되는 것과 같은 것이다. 이

때문에 탄주지어(呑舟之魚; 배를 삼킬 수 있는 거대한 물고기)는 그물
〔법〕로 포획할 수가 없다고 한 것이다.

---

* 이엄李嚴의 자는 정방正方이고 남양 땅 사람이다. 뒤에 이름을 평平
으로 바꾸었다. 제갈량이 죽었다는 소식을 듣고 병이 발작하여 죽
었다.

가난을 근심하지 말고 불안한 것을 근심하라

국가를 소유하고 종족을 거느리는 사람은 국가가 적고 종족이 적은 것을 근심하지 말고 모든 것이 균등하게 이루어지는 것에 관심을 기울여야 하며, 그들이 가난한 것을 근심하지 말고 그들이 불안해하는 것을 걱정해야 한다고 한 것이다.

사람들은 가난한 것은 참고 견디지만 불안을 느끼면 정착하려는 의지가 없고 떠나려는 마음만이 존재하는 것이다.

작은 국가라도 살기가 좋으면 사람들이 모여든다. 모여든 사람들에게 균등하게 하면 백성들이 계속 모여들어 적은 국가는 점점 커진다. 살기 좋은 나라에는 불러들이지 않아도 사람들은 자연스럽게 찾아들어 성대한 도시를 이루고, 궁극에는 큰 국가가 된다.

이러한 일은, 옛날 중국의 넓은 땅에 많은 국가들이 존재할 때 항상 있었던 사실이기도 하다.

은殷나라 탕湯임금은 1백 리의 땅을 가진 제후로서 하夏나라의 천하를 무너뜨리고 천자에 올랐다.

주周나라 문왕文王은 사방 1백 리의 땅으로 거대한 중국 국토의 절반을 소유하여 서백西伯이라고 칭했으며, 무왕武王은 문왕의 뒤를 이어 은나라를 무너뜨리고 천자의 자리에 올랐다.

이러한 일들이 '땅이 적은 것을 걱정하지 말고 균등하지 못한 것을 근심할 것'의 예이다.

현대 사회에서도 민심을 잃으면 설 자리가 없을 것은 자명하다.

---

* 조조曹操는 후한後漢사람으로 자는 맹덕孟德이다. 권모술수權謀術數에 능하고 시를 잘 지었다. 헌제獻帝 때 재상에 올랐고 위왕魏王으로 봉해졌다. 그의 아들 조비曹丕가 제위에 올라 조조를 위무제魏武帝로 추존했다.

제7장 격언적格言的 상식과 지혜

누구에게나 생각지 못한 복과 재앙이 있을 수 있다

『사기』춘신군春信君 편에

"세상에는 사람이 바라지 않았던 복이 있고 또 바라지 않은 재앙도 있는 것이다."라고 했다.

오랜 세월을 살다 보면 어느 날 생각하지 못했던 좋은 일이 일어나게도 되고, 어느 날은 바라지 않았던 슬픈 일이나 재앙이 다가오게도 된다. 어제까지 정정하던 사람이 다음날 죽기도 하고, 건강한 사람이 길을 가다 참변을 당하기도 한다. 이에 세상의 일은 새옹지마塞翁之馬라고 한 것이다.

또 재앙은 재수 없는 집안으로 들어가고 복은 유덕有德한 집으로 들어간다고 했다.

생각지도 않은 복이나 바라지 않았던 재앙이 문이 없는데도 찾아 들어온다. 이것을 옛날 사람은 일찍 깨닫고 있었던 것이다. 그래서 사람은 항상 삼가고 자신을 닦으며 경계하는 마음을 가지고 생각하지 못했던 상황에 대처하도록 노력해야 하는 것이다.

『유몽영幽夢影』에는 '거울이 운수가 나쁘면 모모(嫫母와 같은 추한 여인을 만나는 것이요, 벼루가 운수가 사나우면 풍류를 알지 못하는 사람을 만나는 것이요, 칼이 운수가 사나우면 용렬한 장수를 만나는 것이다.'고 했다.

---

* 춘신군春信君은 전국시대 초楚나라 재상인 황헐黃歇의 봉호封號이다. 20여 년간 초나라 재상으로 재직했고 문하에 식객이 3천여 명이나 있었다고 한다.
* 새옹지마塞翁之馬는 인생의 길흉화복吉凶禍福에는 정해진 것이 없어 예측할 수 없다는 뜻이다.
* 모모嫫母는 고대 중국 황제黃帝의 제4비第四妃의 이름인데, 아주 못생긴 여인이었으므로 추한 여인의 대명사로 쓰였다.

잠깐 우산을 함께 썼으나 오랜 친구와 같다

〰

『사기』에, 사마천이 말했다.

"허옇게 센 머리가 되도록 서로 만나는 친구라도 성취한 것이 없으면 항상 만날 때 저 사람은 무엇을 하는 사람인가 새삼스럽게 느껴진다.

또 잠깐 동안 우산을 함께 쓰고 가면서 대화를 나누고 마음이 통했다면 그 사람이 오랫동안 사귄 친구처럼 느껴진다.

복숭아나무나 자두나무는 말을 하지 않지만 그 아래에는 저절로 샛길이 이루어진다."

백발白髮이 되도록 친구로 지내지만 성취한 것이 없으면 항상 만나도 저 친구는 뭐하는 사람인가? 할 정도로 처음 만나는 사람처럼 서먹한 감정이 느껴지는 것이다. 이러한 느낌을 사자성어로 백수여신白首如新이라고 한다.

또 비가 내리는데 우연히 우산을 함께 쓰고 가면서 비가 개일 잠깐 동안 대화가 서로 통했으면 오래도록 사귄 친구처럼 느껴지기도 한다는 것이다. 대화가 통한다는 것은 곧 서로의 마음이 합치한 것이기 때문이다. 이러한 것을 사자성어로 경개여고傾蓋如故라고 한다.

복숭아나무나 자두나무는 말을 하지 못하지만 복숭아나무나 자두나무의 아래에는 저절로 샛길이 이루어진다는 것은 따 먹을 것이 있기 때문이다. 이의 사자성어는 도리불언桃李不言 하자성혜下自成蹊라고 한다.

사마천은 『사기』에 이상의 네 문장을 인용하여 논평에서 가끔 사용했다.

백발이 되도록 성취한 것이 없으면 친한 친구라도 별로 관심이 가지 않고, 잠깐의 사이에도 대화가 통했다면 오랜 친구처럼 여겨지는 것은 사람의 상정常情이다.

이는 덕을 쌓았거나 학문을 성취했거나 특별한 성취를 이룬 것이 있게 되면 주위에는 자연적으로 사람들이 모여 든다는 것을 말한 것이다.

항우와 우미인의 사랑가

『사기』항우본기項羽本紀에는

한나라의 군사가 항우를 겹겹으로 포위하자 우미인虞美人이 노래했다.

"한나라 군사들이 이미 초나라 땅을 빼앗아

사방에는 초나라 노래 소리만 들리네.

대왕께서는 의기意氣를 다하였으니

천첩賤妾이 어찌 편안히 세상을 살겠습니까!"

항우가 답해 노래불렀다.

"힘으로는 산을 뽑을 수 있고 기개는 세상을 덮었지만

시대의 운수는 이롭지 못해 오추마(騅; 추)도 나아가지 않네.

오추마가 나아가지 않으니 어찌하겠는가!

우虞여! 우여! 그대는 어찌할 것인가!"

항우는 우미인을 지극히 사랑했고 우미인 또한 항우를 지극히 사랑했다는 것을 이 시를 보면 알 수 있다.

혈기왕성한 때의 청춘남녀의 사랑이란, 좋은 시절을 함께하는 것은 쉽지만 어려운 때를 함께한다는 것이 어려운 일이다.

『열녀전列女傳』에는 현모양처賢母良妻로 주周나라의 태강太姜, 태임太妊, 태사太姒를 꼽았고, 절개를 지킨 여인으로는 채蔡나라 사람의 아내인, 송宋나라의 여인을 기록했다.

하지만 남녀가 지극히 사랑하며 생을 함께한 내용을 거론하지는 않았다.

청淸나라의 장조張潮는 "정情이라는 한 글자가 세계를 유지한다."고 했다.

이 노래는 대장부와 미인의 진정한 사랑을 보여주고 있다고 하겠다.

---

* 항우項羽는 진秦나라 말기 하상 땅 사람으로 이름은 적籍이다. 한漢나라 유방劉邦과 천하를 다투다 해하垓下 땅에서 패배하여 죽었다. 서초패왕西楚霸王이라고 일컬었다.

* 우미인虞美人은 항우의 애첩이었다.

* 태강太姜은 주문왕周文王의 아버지 왕계王季의 어머니이다.

* 태임太妊은 왕계의 아내이며 문왕의 어머니이다.

* 태사太姒는 문왕의 비이고 무왕武王의 어머니이다.

선비를 살펴보는 데 일어나는 실수

보통의 사람은 말을 살피는 데 있어 살찌고 윤택한 것만을 살핀
다. 선비를 고르는 데도 문벌이나 집안의 부유한 것만을 따진다.

좋은 말이라도 주인의 먹이가 좋지 않으면 파리하게 된다. 또
뛰어난 인재는 가난한 집안에도 있는 것이다.

곧 말이 삐쩍 말랐더라도 기골이 장대하면 거두어 잘 먹이면 우
수한 말로 태어난다. 선비가 가난에 찌들어 누추하게 보이더라도
심오한 학문을 품고 있는 학자가 있는 것이다.

선택은 자신의 안목에 있는 것이고 삐쩍 마르거나 가난함에는
있지 않다는 뜻이다.

장조張潮는 "검은 것과 흰 것이 사귀면 검은 것은 능히 흰 것을
더럽히고 흰 것은 능히 검은 것을 감추지 못한다. 향기와 냄새는

섞이지만 냄새는 능히 향기를 이기고 향기는 능히 냄새와 겨루지
못한다."고 했다.

---

* 골계전滑稽傳은 익살스런, 또는 언어에 재치가 있고 말이 유창한 사
  람을 기록한 전기傳記이다.

아름다운 말은 시장에서도 돈을 주고 사는 것

『사기』골계滑稽전에, 북해태수 순우고淳于固가 말했다.

"아름다운 말이라면 시장에서도 사는 것이 가하고, 존귀한 행동은
남에게 더하는 것이 가하다. 군자君子는 서로 전송하는 데 말로써
하고, 소인小人은 서로 송별하는 데 재물로써 한다."

옛날에는 아름다운 말이 있으면 돈을 주고 사들였고 존귀한 행동
은 타인에게까지 권장하여 퍼뜨리게 했다.

지금 세상에도 좋은 말은 핸드폰으로 서로 전달하여 공유한다.
그러나 좋은 행동을 권장하는 일은 보지 못했다. 오늘날 서로의
송별에는 위로금이나 전달하고 좋은 말의 격려는 별로 없다. 이러
한 일을 소인들의 행동이라고 할 것인가!

옛날의 소박하고 정취적인 문화와 오늘날의 외향적이고 금전
주의적인 문화의 시대 차이라고 할 것이다. 또 소인小人의 행동이
라고 하기보다는 세상의 변화에 달라진 세태라고 보아야 할 것
이다.

하지만 귀감이 되는 말로 위로를 하고 격려하며 송별연을 해주고, 거기에 재물까지 더해 준다면 이거야말로 금상첨화錦上添花이지 않을까 생각해 본다.

『유몽영』에는

"먼저 경서經書를 읽고 뒤에 역사서를 읽으면

일을 논하는 데 성인이나 현인과도 어그러지지 않고

이미 역사서를 읽고 다시 경서를 읽는다면

글을 보는 것이 장이나 구가 되는 데 지나지 않는다."고 했다.

때를 얻기는 어렵고 잃는 것은 쉽다

『회남자』에는

"대저 태양이 돌고 달이 두루하여도 시간은 사람과 함께 놀지 아니한다. 그러므로 성인聖人은 한 자의 보배로운 옥玉을 귀하게 여기지 않고 촌음(寸陰; 짧은 시간)을 중요하게 여긴다. 기회란 얻는 것은 어렵고 잃어버리기는 쉬운 것이다."라고 했다.

해가 하루를 지나가고 달이 두루 다하여도 시간이란 사람과 함께 놀지 않는다. 곧 인간이란 지나가는 세월과 관계없이 제멋대로 시간을 허비한다는 것을 말한 것이다.

이 때문에 성인聖人은 한 자나 되는 보배로운 옥이라도 귀하게 여기지 않고, 잠깐의 짧은 시간을 중요하게 여긴다는 뜻이다.

송宋나라 주희朱熹의 권학문勸學文에는

"오늘 배우지 아니하고 내일이 있다고 이르지 말고

올해 배우지 아니하고 내년이 있다고 이르지 말라!

해와 달이 흘러간다.

세월이 나를 가만두지 않으니 아! 늙었구나! 이 누구의 허물인고?"라고 했다.

시간은 얻기 어렵다. 또 오는 기회를 포착하는 것은 더더욱 지극히 어렵다. 하염없는 세월은 나를 기다려주지 않고 그저 그냥 흘러가 버린다.

어느덧 세월은 흘러 머리털은 하얗게 변해 늙음에 이르러서야 후회한들 무슨 소용이겠는가!

가난하고 부유함에서 사귀는 정을 아는 것

『한서』에, 문제文帝 때 하규 땅 사람 적공翟公이 말하기를 "한 번 태어나고 한 번 죽는 일에 친구를 사귀는 정을 알게 되고, 한 번 가난하고 한 번 부유함에는 친구를 사귀는 태도를 알 것이다. 한 번은 귀하게 되고 한 번은 천하게 되면 사귀는 정이 이에 나타나는 것이다."라고 하였고, 이 글을 써서 대문에 붙이고 대문에는 참새 그물을 쳐 놓았다.

사람은 평소에 교우交友 관계를 어떻게 해왔는가에 따라 어려움이 있을 때 그의 교우 형태가 잘 나타난다.

적공이란 사람은 평소 교우 관계에 있어서 잘했다고 할 수 없을 것이다. 관직에 재직할 때는 사람들이 북적이다가 관직에서 물러나니 사람의 발길이 끊어졌다는 것은 진정한 친구를 사귀지 못한 것이다.

또 적공이 자신을 반성하지 않고 발길이 단절된 것만을 탓하는 것은 진정한 군자의 도道가 아니다. 군자라면 자신부터 반성하고

난 뒤에 남을 탓하는 것이다.

귀할 때는 사람들이 북적이다가 실직하자 발길이 단절된 것은 분명히 잘못이 적공 자신에게 있는 것이다. 자신의 과오를 인지하지 못하고 남의 발길이 단절된 것만을 탓하는 것은 소인일 뿐이다.

또 대문 앞에 참새 그물까지 치는 데 이르러서야! 더더욱 소인다운 자신의 품성만을 나타낸 것이 아니겠는가!

『시경』의 감당甘棠의 시에는

"무성한 팥배나무를 자르지도 말고 베지도 말라.

그 임 소백께서 머물던 곳이니라."라고 했다.

늙어 관직을 내 놓는 일을 치사致仕라 한다

『한서』의 위현韋賢전에

늙어서 관직을 떠나는 것을 치사致仕라고 하는데, 위현이 승상이 되어 처음으로 실시했다.

또 속담을 인용하여 자식에게 "황금 한 바구니를 남겨 물려주는 것은 한 권의 경서를 알려주는 것만 같지 못하다."고 했다.

동한東漢 때에는 나이가 들어서도 관직을 맡았고, 늙어서도 관직의 직책에서 죽음을 맞이하는 등 그 당시에는 관직에서 죽는 것을 영광으로 여겼다. 이러한 때에 위현韋賢은 승상이 되어 나이가 70세에 이르자 처음으로 벼슬을 국가에 바쳤다. 이것을 치사致仕라고 했다.

또 "자식에게 황금 한 바구니를 남겨 물려주는 것은 경서經書 한 권을 깨우쳐 주는 것만 같지 못하다."고 한 것은 선각자다운 면모를 지닌 학자라고 하겠다. 곧 자식에게 재물을 물려주기보다 자식을 깨우쳐 세상의 물정을 알게 해야 한다는 뜻이다.

사람들은 재물이 자신의 것으로 착각하고 있다. 재물은 사회재社會財이며 그 사회재를 자신이 일시 보관하고 있을 뿐이다. 보관하고 있는 재물을 사용하지 못하고 죽으면 다시 다른 사람의 소유가 되는 것이다.

또 분배하여 물려주더라도 상속한 자가 잘못 관리하여 죽은 자신의 명예를 실추시키는 피해는 생각하지도 않는다.

재물을 자식에게 물려주기 위해 불법을 저지르고 편법을 사용해 상속시키는 현대 사회의 사람들이 한 번쯤 자신을 되돌아보아야 할 말인 것 같다.

---

* 위현韋賢의 자는 장유長孺이고 노국魯國의 추鄒 땅 사람이며 관직이 승상에 이르렀다. 그의 아들 위현성韋玄成도 벼슬이 승상에 이르렀다.

* 치사致仕는 나이가 늙어서 벼슬을 사양하는 것이다.

물속의 물고기가 탐나거든 집에 가서
그물을 엮어라

〜

『한서』「예악지禮樂志」에

"연못에 이르러 물고기를 탐내는 것은 집으로 돌아가서 그물을 엮는 것만 같지 못한 것이다."라고 했다.

무엇이든 바라보고 탐내는 것보다는 계획을 세우고 실질적인 행동을 해야 자신이 소유할 수 있는 것이다.

공자는 "종일토록 배불리게 먹고 마음 쓸 곳이 없다면 어려운 노릇이다. 장기나 바둑을 두는 사람이 있지 아니한가. 차라리 그런 것이라도 하는 편이 오히려 안 하는 것보다 현명한 것이다."고 『논어』에서 말했다.

쓸데없는 공상보다는 가능한 일을 해야 한다는 말이다.

사람은 계획을 세우면 꿈이 있고, 꿈이 있게 되면 희망이 있고, 희망이 있게 되면 인생은 행복해지는 것이다.

연못에 이르러 물고기가 아무리 탐나더라도 물고기는 그물이 없으면 잡을 수가 없다. 그러므로 집으로 돌아가서 그물을 만드는 실질적인 행동을 하라는, 구체적인 실천을 강조한 말이다.

---

* 「예악지禮樂志」는 예와 음악에 관한 것을 기록한 것이다.

삼구지례 三驅之禮

『한서』「교사지郊祀志」에는

"사냥을 하는 데는 삼구三驅의 제도가 있다. 삼구三驅는

첫째는 건두乾豆를 위하는 것이다.

둘째는 빈객賓客을 위하는 것이다.

셋째는 군주의 주방을 채우기 위한 것이다."고 했다.

옛날의 사냥에는 규칙이 없었으며, ㄷ자 그물을 만들어 짐승이 크고 작은 것을 가리지 않고 모조리 잡았다. 곧 씨를 말리는 사냥 방법이었다.

이러한 사냥 방법을 보고 은殷나라의 탕湯임금은 잔인한 사냥 방법이라고 여기고, 앞으로의 사냥에는 一자 그물만을 만들어 치고 사냥을 하게 하여 짐승들이 빠져나갈 수 있는 길을 터주게 하였다. 이것을 인仁한 사냥 방식이라고 칭송했다.

이후로 사냥의 시기도 정해졌고 사냥하는 방식도 규칙으로 정해졌다.

삼구三驅는 인仁의 사냥 법으로, 一자의 그물을 쳐 놓고 세 방면에서 짐승을 몰아 잡는 사냥 방법이다. 곧 영리한 짐승은 빠져 나가고 멍청한 짐승만을 잡는다는 것이다.

또 삼구지례三驅之禮는, 사냥을 하는 데 있어서 세 종류의 구분이 있음을 말한다.

첫째는 제사에 마른 포脯를 장만하는 것이고, 두 번째는 빈객 곧 손님 접대를 위한 것이며, 세 번째는 군주의 주방에 음식을 만드는 것을 위해서라는 것이다.

---

* 「교사지郊社志」는 천지天地의 제사에 관한 기록이다. 사社는 지신地神에게 지내는 제사이다.

꽃은 꼭지를 떠나면 시들게 된다

『한서』채옹전에는

"대저 꽃은 꼭지를 떠나면 시들게 되고, 나뭇가지는 줄기를 떠나면 마르게 된다. 여인의 지나친 화장은 음란을 가르치는 것이고, 선비는 도를 배반하면 죄가 되는 것이다."고 했다.

꽃이 꼭지를 떠나는 것은 근본을 떠난 것으로 시들어 마르는 것이 당연하다. 나뭇가지도 줄기를 떠나면 마르는 것이 당연하다.

이는 모든 사물이 근본을 떠나면 생존하기 어려운 것을 논한 것이며, 사물뿐만 아니라 무엇이든 그의 근본을 저버리면 살 수가 없다는 것을 말한 것이다.

또 여인이 지나치게 용모만을 꾸미는 것은 음란한 것을 가르치는 것이고 학자는 도道를 배반하면 죄에 이르게 된다는 것은, 여자는 부덕婦德을 닦고 검소해야 하며 학자는 부도不道한 행동을 **하면** 그의 결과는 죄가 된다는 것을 경고한 것이다.

항상 순리대로 생활하며 자연의 법칙을 따라 순응해야 하며 근본을 잊으면 안 된다는 인간의 삶을 말한 것이다.

---

* 채옹蔡邕은 후한의 영제靈帝 때 사람으로 자는 백개伯喈이고 시부를
잘 지었다.

아들을 삶아 끓인 국을 마신 장수

『회남자』에는

"전국戰國시대에 위衛나라 장수인 악양樂羊은, 중산국中山國과 전투에서 중산국에 인질로 잡혀 있던 아들을 솥에 삶아 국으로 끓여 보내자 악양은 그들이 보는 앞에서 그의 아들의 국을 들이마셨다."고 했다.

인간의 잔인한 것을 보여 주는 한 단면이기도 하다.

아무리 싸움을 치열하게 하여도 인질로 있던 적국 장수의 자식을 죽여 솥에 삶아 국으로 끓여 그의 아버지에게 보낸다는 것은 극악무도한 짓이다. 또 그것은 적에게는 전의를 북돋우는 길인 것이다.

그리고 자식을 끓인 국을 마시고 전의를 불태우는 행위도 진정한 장수로써 할 도리는 아닐 것이다.

이러한 일을 기록한 것은 서로의 과도한 행위에 대한 한 단면을 사가史家는 지적하고자 한 것일 것이다.

이로 말미암아 중산국은 결국 멸망했다. 이러한 인류에 반하는 잔인한 행위를 하고도 그 국가가 보존되는 것을 바랐다면 사람들은 천도天道는 없는 것이라고 할 것이다.

---

* 『회남자淮南子』는 한漢나라 회남왕淮南王 유안劉安이 찬撰했으며 총 21권으로 되어 있다. 주로 노장老莊의 도로써 고금의 치란治亂, 천문天文, 이학理學 등을 설명했다. 내외 두 편으로 되어 있었으나 지금은 내편만 전한다. 처음에는 『회남홍렬淮南鴻烈』이라고 하였고 주석은 후한의 고유高誘가 쓴 『회남홍렬해淮南鴻烈解』 21권이 있다.

* 악양樂羊은 전국시대 위衛나라 장수이다. 중산국中山國에서 인질로 잡고 있던 아들을 솥에 삶아 국을 끓여 악양에게 보냈는데, 악양은 그들이 보는 앞에서 그 국을 마셨다고 기록했다,

뱀도 근본을 잊지 않는다

『후한서』두무전에는

"처음에 두무竇武의 어머니가 두무를 출산할 때 뱀 한 마리와 함께 나란히 출산을 하여 뱀은 수풀 속으로 돌려보냈다. 뒤에 두무의 어머니가 죽어 장례를 거행하여 묘지를 파고 관을 내리지 않았을 때 거대한 뱀이 개암나무 수풀에서 나와 곧바로 상喪의 장소에 이르러 머리로써 관을 치받고 피눈물을 모두 흘리며 엎드렸다 우러렸다 길굴蛄屈하며 슬피 우는 모습을 보이고 한참 있다가 떠나가자 당시의 사람들이 두씨竇氏에게 상서祥瑞로운 일이 될 것으로 알았다."고 했다.

역사서에는 항상 믿거나 말거나 상상하지 못할 내용이 가끔씩 기록되어 있다. 무두竇武의 이야기도 그 가운데 하나라고 할 것이다.

공자는 『중용』에서 색은행괴索隱行怪를 기술하지 않는다고 했다.

현실 사회에서 있을 수 없는 이러한 일을 기록한 것은, 짐승이라도 태어난 근본을 잊지 않는다는 것을 지적한 것이리라.

뱀이라 하더라도 그 태어난 은혜를 아는데 하물며 인간이겠는가? 이를 기록한 것은 인간의 도리를 더욱 강조하려는 뜻이라고 하겠다.

---

* 두무竇武의 자는 유평游平이고 두융竇融의 현손玄孫이다. 딸이 후한後漢의 환제桓帝 때 황후가 되었다. 괴리후槐里侯에 봉해졌다.
* 색은행괴索隱行怪는 남이 잘 알지 못하는 은벽隱僻한 행동이나 괴상한 행동으로 후세에 이름을 남기려고 하는 기록이다.

태공금궤太公金匱의 궤几, 장杖

『후한서』 최인崔駰전의 이현李賢의 주석이다.

태공금궤太公金匱의 궤(几; 안석)에는

"편안할 때는 위태한 시기를 잊지 않고, 존재(存)할 때는 망하는 것을 잊지 않는 이 두 가지를 누구라도 생각한다면 뒤에는 반드시 흉한 일이 없으리라."고 했다,

태공금궤의 장(杖; 지팡이)에는

"남을 보좌하는 데 구차한 것이 없어야 하고, 남을 돕는 데도 허물이 없어야 한다."고 기록되어 있었다.

보통사람들은 편안하게 되면 어려웠던 시기를 잊고, 살 만할 때는 망했던 지난 시절을 잊고 현실에 안주하면서 과거를 잊게 된다.

오직 뛰어난 사람만이 과거를 되돌아보고 경계를 하며 더욱 낮은 자세로 자신의 행동을 낮추고 겸손한 행동으로 일관하는 것이다.

보통사람은 현실에 안주하며 그의 어려웠던 시절을 되돌아보

지 않고 자신의 과거를 반성하지도 않는다. 위기가 닥쳤을 때는 이미 후회해도 소용이 없는 것이다.

또 남을 보좌할 때는 구차한 것이 없어야 한다는 것은, 자신이 어렵게 되면 그의 구차한 것을 이용하여 해를 끼치려는 부류들이 있게 되는 것이다. 그러므로 남을 돕는 데 있어서는 자신에게도 허물이 없어야 한다는 것이다.

자신에게 허물이 있게 되면 그의 허물을 이용하여 돕는 이에게 피해를 줄 수 있기 때문이다.

지도자의 위치에 있는 사람이라면 사람을 등용하는 데 있어 한 번쯤 되새겨 보아야 할 교훈일 것이다.

그 사람이 적당하지 않은데도 등용하여 국가를 어지럽게 하고 사회를 요란스럽게 하는 일들은 오늘날에도 무수히 많다. 이는 인재의 선발과 등용에 실패하는 과정에서 오는 것들이며, 그 실상들이 역사에 무수하게 기록되어 있다.

---

* 최인崔駰의 자는 정백亭伯이고 탁군 안평 사람이다. 널리 배우고 학문에 통달했으며 문장을 잘 지었다.
* 태공금궤太公金匱의 태공太公은 태공망(太公望; 呂尙)이고 금궤金匱는 금으로 된 궤짝이며 중요한 문서를 담아두는 상자이다. 곧 중요한 글을 넣어 두는 곳이다.

부정한 뇌물에 '구린내'가 난다는 말의 유래

『후한서』최식崔寔전에는

최식의 종형 최열崔烈은 북주北州에서 매우 두터운 명망이 있었으며, 지위는 군수와 구경九卿을 역임했다.

영제靈帝는 당시에 홍도문鴻都門을 열고 관직과 작위를 판매한다는 방榜을 내걸었다. 공경公卿과 주군州郡의 태수 아래에서 황수黃綬에 이르기까지는 각각의 차등이 있게 했다.

그들이 부유한 자는 먼저 돈을 입금시키게 하고, 가난한 자는 관직에 이르게 되면 뒤에 갑절을 보내게 했다. 어떤 이는 상시(常侍; 내시)나 아보(阿保; 유모)의 별도의 통로로 자신의 벼슬을 구하기도 했다.

이 당시에는 단경段熲, 번릉樊陵, 장온張溫 등의 관리는 비록 공로가 있었으나 자신들의 명예를 위해 부지런히 힘을 섰다. 그러나 모두 먼저 재물을 보내고 뒤에 공公의 자리에 올랐다.

최열도 당시 부모(傅母; 유모)를 따라 5백만 전의 돈을 납입시키고 얻어서 사도司徒가 되었다.

관직을 제수하는 날에는 천자가 헌軒에 이르면 모든 관리들은 다

모여 들었다. 천자는 돌아보고 친히 총애하는 자에게 일러 말했다.

"금전이 조금도 아깝지 않다고 마음을 다진다면 가히 1천만 전에 이를 것이다."

정부인程夫人이 곁에서 응해서 말했다.

"최공崔公은 기주冀州의 명사인데 어찌해 매관買官을 좋아하는 것인가? 나에게 의탁하고 이러한 것을 얻는다면 도리어 아름답다는 것을 알지 못하겠는가!"

최열이 이로 인하여 명성이 쇠락하여 줄어들었다. 또 오래도록 스스로 편안해 하지 못했다.

어느 날 한가한 때에 아들이 관직에서 휴가를 얻어 집으로 돌아오자 그의 아들 균均에게 물어 말했다.

"내가 삼공三公의 지위에 오른 것을, 의논하는 자들이 어떤 말들을 하느냐?"

균이 말했다.

"대인에게는 조금의 영웅이란 칭호가 있습니다. 다만, 경(卿)이나 태수의 지위를 역임한 자들의 의논에는 삼공이 된 것을 부당하다고 말하지는 않고 있지만, 그래도 지금 그 지위에 오른다면 천하는 실망할 것이라고 합니다."

최열이 말했다.

"어찌해서 그러한 것이라고 하더냐?"

균이 말했다.

"의논하는 자들이 돈 냄새(銅臭; 구린내)를 싫어하는 것입니다."

최열이 노여워하고 몽둥이를 들어서 내리 치려고 했다. 최균은 당시 호분중낭장이 되어 무변武弁을 쓰고 할미(鶡尾; 할새의 깃)를 꽂고 있었는데 허겁지겁 달아났다.

최열이 꾸짖어 말했다.

"죽음으로 끝마쳐야지 아버지가 매를 치는데 달아나는 것이 효도냐?"

최균이 말했다.

"순舜임금이 아버지를 섬기는데 작은 막대기로 치는 것은 자신의 몸으로 직접 맞았고, 큰 몽둥이로 내리치는 것은 달아났다고 했는데, 효도가 아닙니까?"

최열이 부끄러워하고 중지했다. 최열은 뒤에 태위에 제수되었다.

천자가 직접 매관매직買官賣職을 한 것은 후한後漢의 영제靈帝때에 처음 시작되었다. 영제는 홍도문鴻都門을 열고 관직과 작위를 매매買賣한다는 방榜을 내 걸었다.

이때 한나라의 최씨崔氏는 3대에 걸쳐 승상을 배출한 명문가였다. 이 명문가의 자손인 최열이 처음으로 돈을 바치고 태위의 직위를 구매한 것이다. 곧 매관買官을 한 것이다.

이 때문에 그의 아들이 동취銅臭, 곧 '구리냄새(구린내)'가 난다고 하는 항간의 소문을 아버지에게 전하여 최열을 화나게 한 것이다.

이후로부터 돈을 들여 부정한 일을 한 것을 '구린내'가 진동한다고 말하게 된 것이다.

한자漢字의 '동취銅臭'는 '구리냄새'라는 뜻이며, 곧 '구린내'이다.

지금의 썩은 냄새, 곧 부정부패에 '구린내'가 진동한다는 말은 여기에서 유래한 것이다.

---

* 최식崔寔의 자는 자진子眞이고 승상을 지낸 최인崔駰의 손자이다.
* 최열崔烈은 최식의 종형從兄이다.
* 황수黃綬는 노란 인수印綬의 끈으로, 하급관리의 띠이다.

책策으로 면직된 것은 서방徐防에서부터

『후한서』에는

"천자天子의 삼공三公이 책策으로 면직免職된 것은 서방徐防으로부터 시작되었다."고 했다.

옛날에는 관직을 제수할 때 불러서 임명장을 수여하였고, 면직 시에도 반드시 불러서 면직을 시켰다.

서방은 제후에 봉할 때도 책策으로 봉함을 받았다. 면직 시에도 천재와 지변과 도적들의 창궐로 인하여 책策으로 면직되었다. 이러한 일들이 처음 서방으로부터 비롯되었다는 것이다.

관직을 임명하는 군주는 예를 다해야 하는데, 이때부터 임명의 절차가 간소하고 소홀해진 것이 시작된 것을 지적한 것이다.

---

* 서방徐防의 자는 알경謁卿이고 벼슬은 사도司徒에 이르렀다.

들짐승이 집으로 들어오면 주인은 떠난다

들판에 사는 짐승이 사람이 사는 집안으로 들어온다면 이는 그 집의 주인이 장차 다른 곳으로 이사간다는 것을 뜻하는 것이다.

이는 집 주인이 다른 곳으로 거처를 옮긴다는 것을 짐승이 이미 알고 그 조짐을 주위에 미리 알린다는 것이다.

보통사람은 일이 닥친 뒤에 후회를 하고 지자知者는 일어나는 징조를 보고 만사에 대비하여 재앙을 막는다.

선각자는 기미를 알고 환란에 대비하는 것이고 성인聖人은 평소에 항상 경계심을 가지고 조짐이 없어도 일상을 보내는 것이다.

이러한 것이 보통사람과 지혜로운 사람과 성인聖人과의 차이점이다.

옛날 사관史官의 명칭과 사관史觀

『여씨춘추呂氏春秋』와『후한서後漢書』반초班超전에는
"하(夏; 禹)나라의 태사太史는 종고終古였고 은(殷; 湯)나라의 태사는
상지向摯였으며, 주(周; 武王)나라의 태사는 담儋이었다."고 했다.

하夏, 은殷, 주周를 중국에서는 삼대三代라고 칭하는데, 이 삼대에
역사를 기록한 사관史官을 말한 것이다.

하나라는 순舜임금에게 선양받은 우禹임금의 나라이며, 이때의
사관이 종고終古였다.

은나라는 탕湯임금이 우임금의 후예인 걸桀왕을 무력으로 추방
하고 세운 나라인데, 사관은 상지였다.

주나라는 무왕이 탕임금의 후예인 주紂왕을 토벌하고 세운 나
라이며, 주나라의 사관이 태사 담儋이었다.

역사를 기록하는 사관史官은 두 가지 사관史觀을 가지고 적용하
는 것이라고 고 양희석梁熙錫 선생은 항상 필자에게 말했다.

첫째는 민족사관民族史觀이고, 둘째는 민중사관民衆史觀이다.

민족사관은 시야가 일방적이고 편협한 사관史觀이며 자기모순에 빠질 수 있는 단편적인 국가의 역사관歷史觀이다.

반면에 민중사관은 광범위한 사관이며 세계사를 논할 수 있는 세계사관世界史觀이라고 했다.

이것은 쉽게 말한다면, 안중근 의사는 민족사관으로 본다면 우리나라에서는 독립투사이고 이등박문(伊藤博文; 이토 히로부미)은 침략자이지만, 일본의 시각으로 본다면 안중근 의사는 테러리스트이고 이토 히로부미는 일본 국가를 확장시킨 영웅이 되는 것이다. 이것이 민족사관이다.

반면에 민중사관으로 본다면 안중근 의사는 민족의 핍박을 막아내려는 한국의 의사義士이고 이등박문은 이웃 국가를 침범한 약탈자이며 살인자로 규정할 수가 있는 것이다.

이처럼 민족사관과 민중사관은 상반된 시각으로 정의를 규정할 수가 있는 것이다.

이는 역사를 보는 사람들이 반드시 알아두어야 할 상식인 것이다.

---

* 『여씨춘추呂氏春秋』는 진秦나라의 여불위呂不韋가 학자 3천 명을 모아 편찬케 한 저서이며 총 26권으로 이루어졌다. 12기十二紀, 8람八覽, 6론六論으로 나누고, 모두 160편으로 유가儒家를 주축으로 하였고 도가道家와 묵가墨家의 내용도 그 안에 섞여 있다.

* 여불위呂不韋는 진秦나라 양적陽翟 땅 사람이다. 본래 거상巨商으로, 장양왕莊襄王이 즉위하기 전에 초楚나라에서 질자(質子; 인질)로 고생하고 있었는데 진秦나라로 돌아가게 한 공로가 있었다. 장양왕이 귀국하여 즉위하자 승상으로 발탁되고 문신후文信侯로 봉해졌다. 여불위가 조희趙姬와 사통私通하여 난 정政이 곧 진시황秦始皇이다. 진시황이 즉위한 후 여불위는 태후와 간통한 죄가 두려워 자살했다.

* 『후한서後漢書』는 남북조南北朝시대에 송宋의 범엽范曄이 저술한 역사서이다. 후한(後漢; 劉秀)의 12제十二帝 196년간의 사적史蹟을 기록했다. 본기 10권, 열전 80권이며, 뒤에 증보하여 지금은 120권이다.

주는 것이 취하는 것이다

『후한서』 환담桓譚 전에는

"천하에서는 빼앗는 것을 취하는 것으로만 알고 주는 것이 취하는 것이 된다는 것을 알지 못한다."고 했다.

『노자도덕경老子道德經』 제36장에는 "장차 무너뜨리려고 하면 반드시 잠시 동안 일으켜 주고, 장차 빼앗으려고 하면 반드시 잠깐 주는 것이다."고 했다.

빼앗으려면 먼저 그들을 안심시켜 편안하게 일으켜주고, 편안해지면 사람들은 어지러워지는 것을 싫어하므로, 이때 합하게 되면 어려움이 없이 쉽게 합해질 수 있는 것이다.

빼앗으려면 먼저 잠깐 준다는 것은, 받는 것은 누구나 좋아해서 잠깐 주어서 안심시키고 적개심이 없어진 뒤에 빼앗게 되면 빼앗을 때 저항이 적다는 것을 뜻한 것이다.

이 때문에 군자君子는 남의 것을 이유 없이 받지 않는 것이다.

불로소득不勞所得은 일시적으로 자신에게 도움이 되겠지만 결과는 자신을 망치는 것이기도 하다는 교훈인 것이다.

---

* 환담桓譚의 자는 군산君山이고 패국沛國의 상相 땅 사람이며『신론新論』을 저술했다.

*『노자도덕경老子道德經』은 이이李耳가 지은 저서 이름이다. 상上, 하下 두 편으로 되어 있다. 이이의 자는 백양伯陽이고 시호는 담聃이며 도가道家의 시조이다.

사물이 갑자기 성장한 것은 요절한다

『후한서』주부朱浮전의 상소문에 말했다.

"대저 사물이 갑자기 성장한 것은 반드시 요절하고, 공로를 갑자기 성취한 사람은 반드시 신속하게 무너지는 것입니다. 만약 폐하께서 장구한 사업을 꺾고 속성의 사업을 조성하는 것은 폐하의 복이 아닐 것입니다."

모든 사물이 갑자기 성장하면 그에 따르는 수명은 길지 못하고 반드시 요절하게 된다는 것이다.

공사工事도 갑자기 이루게 되면 부실이 뒤따라서 그 수명이 오래가지 못하고 무너지게 되는 것이다.

사업이란 장구하게 계획하여 오랜 시간을 거쳐 시행해야 견고하고 완전한 것이다.

신속하게 이루어 공로를 성취할 것만을 요구한다면 그것은 반드시 부실하게 되어 오래가지 못하고 무너지게 되는 것이다.

그래서 백년대계百年大計나 대기만성大器晩成의 사자성어四字成

語가 있는 것이다.

사업을 경영하는 기업가들이 새겨들어야 할 명언이다.

---

* 주부朱浮의 자는 숙원叔元이고 벼슬이 대사도大司徒에 이르렀다.

군사의 전략은 화락에 있다

『삼국지』「촉서蜀書」상랑向郞의 양양기襄陽記에는
"군사軍師가 승리하는 것은 군사들의 화합에 있지 군사의 수가 많은 것에 있지 않다. 이것은 하늘과 땅이 화락하면 만물이 태어나고, 군주와 신하가 화락하면 국가는 화평하며, 구족九族이 화락하여 활동하면 구하는 것을 얻고, 머물러 있으면 편안한 것을 얻는 것을 말한 것이다. 이 때문에 성인聖人은 화락한 것으로써 지키는 것이다. 이로써 보전시키기도 하고 멸망시키기도 하는 것이다."고 했다.

전쟁에서의 승패는 군사들의 화합과 단결에 있고 군사의 수적 우열에 있지 않다는 것이다. 곧 군사들이 싸울 의지가 있느냐 없느냐에 승패가 결정되는 것이다. 아무리 군사의 수가 많아도 군사들이 싸울 의지가 없다면 승리할 수 없는 것이다.

국가를 통치하는 것도 이와 같아서 군주와 신하가 화합하면 국가는 평화롭게 되고 백성들은 안락한 삶을 얻게 되는 것이다.

일가족이 화락하면 가정이 편안해지고, 가정이 편안하여 활동
하게 되면 구하는 것을 얻을 것이며, 그곳에 머물러 있으면 편안
해지는 것이다.

이 때문에 성인은 화합하는 것으로 지키는 것을 삼고, 화합하는
국가는 보존시켜주고 화합하지 않는 나라는 멸망시키기도 하는
것이다. 이것이 성스런 군주가 세상을 다스리는 방법이라는 것을
밝힌 것이다.

이 때문에 『손자병법孫子兵法』에는

"백 번 싸워 백 번 승리하는 것은 최선의 선善이 아니고, 싸우지
않고 남의 군사를 굴복시키는 것이 가장 좋은 것이다."라고 말한
것이다.

───────

* 『삼국지三國志』는 위魏, 촉蜀, 오吳 삼국三國의 역사를 기록한 책이다.

* 상랑向郎의 자는 거달巨達이고 양양의 의성宜城 사람이다. 관직이 승
  상장사에 이르고 제갈량諸葛亮의 신임을 받았으며 마속馬謖과도 친
  했다.

* 『촉서蜀書』는 유비劉備의 촉蜀나라의 역사를 기록한 역사서이다.

열사는 늙어도 웅대한 뜻을 버리지 않는다

진晉나라 왕돈王敦은 매양 술을 마시면 위무제(魏武帝; 曹操)의 '악부
가樂府歌'를 읊조렸다.
"늙은 천리마는 마구간에 있어도 마음은 천리 길에 있고
열사烈士는 나이가 저물어가도 웅대한 뜻을 버리지 않는다."

인간의 진취적인 욕구를 잘 나타낸 말이다.

이를 되뇌인 왕돈王敦은 그의 마음에 품은 뜻을 내보인 것이다.
이는 인간의 노욕老欲은 끝이 없다는 것을 잘 보여주는 한 사례이
기도 하다.

'늙은 천리마는 마구간에 있어도 그 마음은 1천리를 달리는 데
있고, 절의節義를 굳게 지키는 선비는 늙어 가는 나이에도 자신의
웅대한 뜻을 버리지 않는다'고 한 말은, 동물이나 인간이 가지는
무한한 욕구를 잘 표현한 말이라고 하겠다.

이 말을 마음에 깊이 새긴 왕돈은 진나라의 귀족인데도 늙음에
이르러 노욕이 발동하여 반역을 꾀하고 귀족의 집안에 흠집을 낸

것이리라.

『주역』의 화지진火地晉괘 육오六五의 효사에는 "잃어버리고 얻
는 것을 근심하지 않는다면 길을 가는 데 길하지 않는 것이 없을
것이다."고 했다.

---

* 왕돈王敦의 자는 처중處仲이고 사도司徒 왕도王導의 종부 형이다. 무
  제武帝의 부마였는데 말년에 반역을 하고 처단되었다.

아침에 핀 꽃은 저녁에 진다

『삼국지三國志』「위서魏書」에는 왕창王昶이 자식을 경계시키는 글에서 말했다.

"사물이 신속하게 성취하면 빨리 없어지고

늦게 성취하면 끝을 잘 마치는 것이다.

아침에 피는 꽃은 저녁이면 꽃잎이 말라 떨어지고

소나무 잣나무의 무성한 잎새는 엄한 추위에도 쇠락하지 않는다."

어렸을 때 명성을 날리면 대개는 요절夭折했다.

한나라의 천재 문장가인 가의賈誼가 그러했고, 진晉나라의 천재인 왕필王弼도 그러했다. 한나라의 평제平帝 때 동현董賢은 22세에 대사마에 올랐으나 평제가 죽고 어찌할 바를 알지 못하고 왕망王莽에게 제압당해 불귀의 객이 되었다.

이 때문에 지난날에 인문학人文學에서는 30대에 박사가 되는 것을 탐탁하게 여기지 않았고 50~60대에 성취해야 참다운 박사라고 했다.

이는 인문학에서는 많이 공부하고 자신을 닦은 뒤에 박사를 취득하고 사회에 진출해야 한다는 뜻이며, 축적된 학문과 몸을 닦은 학덕學德으로 남을 계도하여야 오래도록 자리를 보존하고 타고난 수명을 다한다는 것이다.

이로써 '아침에 피는 꽃은 저녁이면 지고 소나무나 잣나무의 무성한 잎새는 엄동설한嚴冬雪寒에도 잘 버티며 쇠락하지 않고 푸른 것이다.'고 말한 것이다.

---

* 왕창의 자는 문서文舒이고 태원의 진양 땅 사람이다. 위나라 때 태자문학을 역임하고 낙양전농, 연주자사, 열양장군을 거쳐 관내후關內侯에 봉해졌다. 저서는 『치론治論』20여 편, 『병서兵書』10여 편이 있다.

* 『위서魏書』는 조조曹操의 위魏나라 역사를 기록한 책이다.

재앙이나 복은 문이 없어도 들어온다

『춘추』양공襄公 23년에 민자마閔子馬가 말했다.

"재앙이나 복은 들어오는 문門이 없고, 오직 사람이 부르는 것이다."

누구에게나 재앙이나 복이 들어오는 문은 없다. 『후한서』에서도 양진楊震이 상소문에 이 말을 인용했다. 그러나 재앙이 들어오기도 하고 복이 들어오기도 한다.

평소에도 항상 자신을 조신하고 또 성찰하며 사물에 대한 집착을 버린다면 복이 들어오고 재앙은 없을 것이다.

『주역周易』의 64괘卦의 모든 괘사에서도 항상 삼가고 자신을 반성한다면 아무런 일이 없을 것이라고 했다.

이에 증자(曾子; 參)는 '날마다 세 번씩 자신을 반성한다〔一日三省〕.'고 한 것이다.

재앙은 자신이 오만방자한 생활을 하는 데서 오는 것으로, 곧 자신이 불러들이는 것이다.

* 『춘추春秋』는 공자가 노魯나라 은공隱公부터 애공哀公까지 12공十二 公의 240년간의 역사를 저술한 역사서로, 역사를 기술하는 사람들의 교과서이기도 하다.

명예직은 언제 시작되었나?

『위서』의 위왕(魏王; 조조) 20년 겨울인 10월에
"처음으로 명호후名號侯를 설치하고 오대부五大夫에 이르게 했다.
또 지난날의 열후列侯, 관내후關內侯와 더불어 모두 6등급으로 하고
군공軍功으로만 상을 주었다."고 했다.

실재의 직책을 관장하는 일이 없고 명칭만을 갖게 하는, 곧 명예
직(名譽職; 虛封)을 수여하는 것이 조조曹操에게서 비롯되었다는
것을 말한 것이다.

명칭名稱만 있는 후작侯爵 18급級과 관중후작關中侯爵 17급級을
설치하고 모두에게 금인자수金印紫綬만을 받게 했다.

또 관내외후關內外侯 16급級을 설치하고 동인구뉴흑수銅印龜紐
黑綬만을 받게 했다.

또 오대부五大夫 15급級을 설치하고 동인환뉴銅印環紐만을 받게
하고 흑수黑綬만을 주었으며, 모두 조세租稅의 식읍食邑은 없었고
직급만이 지난날의 열후관내후舊列侯關內侯의 6등급六等級과 함께

228

하게 했다.

배송지裴松之는 지금의 허봉虛封이 아마도 이때부터 시작된 것이라고 했다.

현대사회에도 정부의 명예직이 많이 있는데, 이것은 조조曹操에서부터 시작된 것이며 지금까지 계속 이어져오는 관례가 되었다.

---

* 배송지裴松之의 자는 세기世期이고 송宋나라 하동의 문희聞喜 땅 사람이다. 『삼국지三國志』를 주석했다.

하늘의 광채와 땅의 덕

『청오경青烏經』에는
"하늘의 광채光彩는 아래로 내려 비추어 주는 것이고, 땅의 덕德은
위로 실어 주는 것이다."고 했다.

여기서 하늘은 지도자(천자; 군왕)를 가리킨다. 곧 지도자는 아래
의 백성들 모두에게 태양의 빛이 내려 비추어 주는 것과 같이 잘
살게 해야 하는 인정仁政을 베풀어야 한다는 뜻이다.

땅의 덕은 곧 황후의 덕을 말한다. 황후의 덕은 곧 백성들이 편
안하게 살도록 잘 받쳐주는 역할이며 음덕陰德을 베풀어야 한다
는 것이다.

또한 이것은 명당明堂이란 하늘의 볕이 잘 들어오고 땅은 지반
을 두텁게 받쳐서 완전한 땅에 기초해야 한다는 의미이기도 하다.
햇볕이 잘 들고 황토 땅에 세워진 명당이야말로 사람들이 모여드
는 곳이다.

여기에 좌청룡左靑龍 우백호右白虎의 병풍까지 더해진다면 만백

성의 휴식하는 안식처이며 풍수학風水學에서 말하는 최고의 명당이라 할 것이다.

---

* 『청오경靑鳥經』은 중국의 한漢나라 때 청오자靑鳥子라는 사람이 저술한 저서라고도 하고, 또 위진魏晉시대의 음양가陰陽家의 서적이라고 하는 두 가지 설이 있는데, 저자가 누구인지는 정확하지 않다.

* 명당明堂은 천자天子가 천하의 백성들에게 정사政事를 펴는 곳을 말한다.

의심을 사면 그때부터 중상모략이 먹힌다

송宋나라의 소식蘇軾이 말했다.

"사물은 반드시 먼저 썩은 뒤에 벌레가 생겨나고, 사람은 실수하여
의심을 받은 뒤에 헐뜯으면 받아들이는 것이다."

『고문진보古文眞寶』에, 소식蘇軾이 항우의 책사인 범증范增을 논하
여 말했다.

"사물은 먼저 부패한 뒤에 벌레들이 발생하는 것이고, 사람은
반드시 실수한 일이 있는 연후에 참소를 하게 되면 받아들이는
것이다."

현대의 지도자들이 한 번쯤 되새겨볼 만한 말이다.

이유 없이 헐뜯는 말은 받아주지 않을 것이며, 멀쩡하던 사물이
금방 썩지는 않는다.

사물이 썩는 데는 시간이 경과하는 것이고, 헐뜯는 말이 받아들
여질 때에는 반드시 그전에 잘못이 있어서 의심을 품은 후에 헐
뜯는 일까지 있어 겹치게 되면 헐뜯는 것이 먹히게 되는 것이다.

이러한 것을 지도자는 명심해야 한다.

인재人材에게는 항상 적이 많고 중요한 자리는 하나뿐이다. 많은 사람들이 그 한 자리를 놓고 물밑에서는 치열한 다툼이 있고, 또한 적에게는 남의 인재가 제일의 제거 대상이기도 한 것이다.

『한비자』에는 삼인성시호三人成市虎라는 말이 있다.

---

* 『고문진보古文眞寶』는 시문집詩文集이며 송宋나라 황견黃堅이 편집한 것이라고 전한다. 전집은 3권이고 위, 진, 당, 송의 명시를 게재하였다. 후집은 2권으로 전국시대 초, 한漢나라에서 송나라까지의 명문을 게재하였다.

* 『한비자韓非子』는 한비韓非가 찬한 저서 이름이다. 전국시대 한韓나라 공자(公子; 귀족의 아들)로, 형명사상刑名思想을 논했으며 총 20권으로 되어 있다.

* 소식蘇軾은 송宋나라의 문장가이며 자는 자첨子瞻이다. 소순蘇洵의 장자이고 동생인 소철蘇轍과 함께 당송팔대가唐宋八大家의 한 사람이다.

삼복三伏의 유래

『강희자전』의 복伏 자의 주석에
"복伏은 진덕공秦德公 2년 초복初伏에, 6월을 삼복三伏의 절節로 한 것은 진덕공秦德公으로부터 시작되었다."고 했다.

삼복三伏은 하지夏至 뒤의 셋째 경일庚日인 초복初伏과 넷째 경일 庚日인 중복中伏과 입추立秋 후의 첫째 경일인 말복을 말한다.

복伏이란 금기복장金氣伏藏이며, 곧 가을의 기운인 금(金; 쇠)이 여름의 기운인 화(火; 불)를 무서워하여 엎드려 숨는다는 뜻이다.

오늘날에도 복날이 오면 뜨거운 보양식保養食을 먹는 것은 이열 치열以熱治熱하는 논리인 것이다. 곧 다가오는 가을의 찬 쇠의 기 운에 미리 대비하는 한 방편이기도 한 것이다.

또 수확의 계절에 이르러 힘을 발휘할 수 있도록 신체의 건강을 준비한다는 의미도 내포하고 있다.

* 금기복장金氣伏藏은 오행론五行論에서 말하는 '가을에는 금(金; 쇠)의
  찬 기氣가 엎드려 감추다'는 뜻이다.

역사서에서 간통에 관해 쓰이는 글자들

『강희자전』에 간통姦通에 쓰이는 글자에 대한 뜻을 정의했다.

난亂은 형제간에 한 여자를 간통한 것이다.

교交는 서로가 사귀고 눈이 맞아서 좋아하여 간통한 것이다.

보報는 아랫사람이 손윗사람과 간통한 것이다.

간姦은 음란하게 성행위를 한 것으로, 곧 여러 사람과 관계하여 소문이 난 것을 말한다.

증烝은 집안의 손위 여자와 간통한 것이다.

접接은 서로 좋아하고 붙어 간통한 것이다.

통通은 미혼인 남녀가 눈이 맞아 결혼하지 않고 통한 것이다.

역사歷史를 기록할 때 고위 관직에 있는 자가 간통하면 그 사실을 알 수 있도록 글자를 가려 쓰는 관례가 있었다. 따라서 어떤 글자를 사용했느냐에 따라 각각 누구와 간통한 것인지 알 수가 있는 것이다. 그것은 간통의 내용에 따라 위에 나열한 난亂, 교交, 보報, 간姦, 증烝, 접接, 통通의 일곱 글자 중에서 한 글자를 선택하여 기록하였기 때문이다.

난亂은 한 여자를 형제간에 간통한 것을 뜻한 것이다. 곧 난잡한 행동이라는 것을 나타낸 것으로, 인륜을 어지럽힌 것이기 때문이다.

교奅는 왕래하면서 서로가 눈이 마주치고 서로 좋아해서 간통한 것이며, 간통하면 안 되는 관계로 곧 불륜不倫을 나타낸 것이다.

보報는 아랫사람이 손윗사람과 간통한 것이다. 자신보다 연상이나 지위가 높은 자의 아내와 관계한 것을 나타낸 것이다.

간姦은 여러 사람과 성性 행위를 음란淫亂하게 하여 소문이 난 것을 말한다.

증烝은 집안의 손위 여자와 간음한 것이다. 곧 집안의 항렬이 높은 여자와 올려 치붙은 것을 나타낸 것이다.

접接은 가까이서 좋아해 붙은 것이다. 곧 평소에 이웃처럼 가까이 지내다 정이 들어 좋아해 간통한 것을 나타내는 것이다.

통通은 남녀 사이에 눈이 맞아서 간통한 것이다. 곧 결혼하지 않고 남녀 간의 성행위를 한 것을 나타낸 것이다.

이상은 역사서에 간통한 것을 상황에 따라 기록하는 글자이며, 그 기록된 글자에 따라 그의 의미를 파악할 수 있도록 나타낸 것이다.

제8장 역사상 뛰어난 인물들

약관에 선망의 대상이 된 사람들

『후한서』호광胡廣전 이현李賢의 주석에는

"가장 나이가 어려 상경(上卿; 장관)에 오른 자는 전국시대 진秦나라의 책사 감라甘羅였다. 여불위呂不韋를 섬겨 12세에 상경上卿에 봉해졌다. 감라는 감무甘武의 아들이다.

자기子奇는 18세에 제군齊君이 동아東阿를 주관하여 다스리게 했는데, 동아를 크게 교화시켜 잘 다스렸다고 『설원說苑』에서 말했다.

종군終軍은 18세에 박사博士의 제자가 되고 간대부諫大夫로 발탁되어 남월왕南越王을 이끌어 왔다.

한漢나라의 문제文帝 때의 가의賈誼는 18세에 박사博士가 되어 문장으로 세상에 명성을 떨쳤다."고 했다.

감라甘羅, 자기子奇, 종군終軍, 가의賈誼는 약관弱冠에 이르러서 명성을 떨쳐 중국역사에 오르내리는 소년 천재들이다.

반면 20대에 명성을 떨친 사람은 위魏나라의 왕필王弼이다. 그는 『주역』의 주석서를 저술했다.

40대에 '하면 된다'는 희망을 준 사람은 송宋나라의 구양수歐陽修이다. 구양수는 40세에 학문을 시작하여 당송팔대가唐宋八大家의 한 사람이 되었다.

50세에 학문을 시작하여 성공한 사람은 한나라 무제 때 공손홍公孫弘이다. 그는 50세에 『춘추』를 배우고 깨우쳐 한 무제 때 승상의 지위에 올랐다.

60세에 학문을 시작하여 성공한 사람은 순경(荀卿; 순자)이다. 순경은 60세에 직하稷下의 학당에서 공부하고 60세에도 늦지 않다는 희망을 준 성공한 대학자였다. 그는 성악설性惡說을 주장하였고, 저서로 『순자』가 있다.

70세에 학문하고 성공한 사람은 태공망(太公望; 강태공)이다. 주나라의 문왕에게 70세에 등용되어 70세의 제齊나라 노인들에게 '하면 된다'는 희망을 심어 주었다.

이들은 중국역사에서 나이의 많고 적은 것과 상관없이 언제고 노력하면 된다는 실증을 보여준 인물들이다.

---

* 호광胡廣의 자는 백시伯始이고 지위는 태위에 이르렀다.

* 이현李賢은 당唐나라 사람으로 『후한서』를 주석했다.

한 번에 다섯 줄의 글을 내려 읽다

『후한서』응봉應奉전에는

"응봉은 글을 읽는 데 있어 한 번에 다섯 줄씩을 읽어 내렸다."고 했다.

역사에는 가끔씩 아주 특이한 사람의 기록이 있다.

보통사람은 한 줄 만을 읽고 뜻을 이해하는 것도 힘겨워하는데 다섯 줄을 한 번에 읽고 해독한다는 것은 특별히 뛰어난 두뇌의 능력이 있지 않고는 어려운 일이다. 이 때문에 『후한서』에 특별히 기록했을 것이다.

또 응봉은 『풍속통風俗通』의 저자인 응소應劭의 아버지이기도 하다. 응봉의 집안은 7대七代의 후손인 응탕應瑒에 이르기까지 집안이 번영을 누렸다고 했다.

『주역』의 중부中孚괘에는

"우는 학鶴이 그늘에 있거늘 그 새끼가 화답한 것이다."고 했다.

---

* 응봉應奉의 자는 세숙世叔이고 여남의 남돈南頓 사람이다.

공상空想은 배우는 것만 같지 못하다

『삼국지』「오서」에, 손권孫權이 여몽呂蒙에게 말했다.

"고(孤; 손권)가 어찌 그대에게 경經을 익혀서 박사博士가 되라고 하겠는가! 다만 마땅히 지나간 일들을 보고 섭렵하게 하려는 것일 뿐이오.

경卿은 일이 많다고 말하는데 누가 나와 같겠는가?

나는 어린 시절에『시詩』,『서書』,『예기』,『좌전』,『국어國語』를 두루 거쳤으나 오직『역易』을 읽지는 못했소. 국가를 통솔하여 오는 데 이르러『삼사三史』,『제가병서諸家兵書』를 살피었고, 스스로 생각하기에 크게 유익한 것이 있다고 여겼소.

그대들도 본성은 밝게 깨우쳤으니 학문을 닦아 얻는다면 어찌 마땅히 다스림에 도움이 되지 않겠는가? 마땅히 빨리『손자』,『육도六韜』,『좌전』,『국어』와『삼사三史』(史記, 漢書, 東觀記)를 읽으시오.

공자께서 말씀하시기를 '종일토록 먹지도 않고 밤이 다하도록 잠을 자지 않고 생각해 보았으나 유익한 것이 없었다. 배우는 것만 같지 못했다.'고 했소.

광무황제光武皇帝는 병마兵馬를 힘쓰는 바쁜 틈새에도 손에서 책을 놓지 않았다고 했소. 조맹덕(趙孟德; 조조)도 또한 스스로 늙어서도 배우기를 좋아한다고 했소.

경들은 어찌 홀로 스스로 힘쓰지 않는 것인가?"

손권孫權이 천하를 삼등분하여 한 쪽을 점유하고 경영한 것은 다 이처럼 많은 독서를 하고 높은 식견을 가졌기 때문이다. 난세에 한 국가를 다스림에 철학哲學이 없었다면 국가를 지탱하지 못했을 것이다.

『시』, 『서』, 『예기』, 『좌전』, 『국어』, 『사기』, 『한서』, 『동관기東觀記』, 『손자』, 『육도』, 『제가병서』 등을 독파하고도 독서를 태만하게 하지 않은 손권이야말로 대단한 독서광의 지도자라고 할 것이다.

『강표전江表傳』에는 처음 손권이 여몽呂蒙과 장흠蔣欽에게 일러 말했다.

"경들은 지금 나란히 요직에서 일을 관장하니 마땅히 학문을 해서 스스로를 발전시켜 국사에 더하게 하시오."

여몽이 말했다.

"군중軍中에는 항상 괴롭고 업무가 많아 아마도 다시 글을 읽는 것을 용납하지 못할 것입니다."

손권이 말했다.

"내가 어찌 경이 경서經書를 익혀 박사가 되라고 하는 것이겠는가? 다만 지나간 일을 섭렵하는 것이 마땅할 따름이오.

경이 일이 많다고 말하는데 누가 나와 같겠는가?

나는 어린 시절에 『시』, 『서』, 『예기』, 『좌전』, 『국어』를 두루 거쳤으나 오직 『역』을 읽지는 못했소. 사업을 통솔하여 오는 데 이르러 『삼사』, 『제가병서』를 살펴보고 나의 뜻에 크게 유익한 것이 있다고 여겼소.

그대 두 사람은 마음과 성품에 지혜가 밝아 학습한다면 반드시 좋은 것을 얻어서 어찌 마땅히 도움이 되지 않겠는가?

마땅히 신속히 『손자』, 『육도』, 『좌전』, 『국어』와 『삼사』(史記, 漢書, 東觀記)』를 읽으시오.

공자께서 말씀하시기를 '종일토록 먹지도 않고 밤이 다하도록 잠을 자지 않고 생각해 보았으나 도움이 없었다. 배우는 것만 같지 못하다.'고 했소.

광무황제는 병마兵馬에 힘쓰면서도 손에서 책을 놓지 않았다고 했소. 조맹덕(조조) 또한 스스로 늙어서도 배우기를 좋아한다고 했소.

경은 어찌 홀로 스스로 힘쓰지 않는 것인가?"

여몽이 처음으로 학문에 나아가 뜻을 돈독히 하고 게을리 하지 않아 그가 살펴본 바는 노련한 유학자도 이기지 못했다.

뒤에 노숙이 오나라에서 주유를 대신하는데, 여몽의 언어를 허물하고 항상 굴복시키고자 했다. 노숙이 여몽의 등을 두드리며 말했다.

"나는 대제大弟가 단지 무략武略만이 있다고 일렀을 뿐인데 지금에 이르러 학식이 뛰어나고 넓으니 다시 오나라에 남들에게 천대받는 아몽阿蒙이 아닐 것이오."

여몽이 말했다.

"선비는 3일을 떨어져 있으면 곧 다시 괄목상대刮目相對하는 것이오. 대형大兄께서 이제 논하니 어찌 한 번 양후穰侯를 이르겠습니까?

형께서는 지금 공근公瑾을 대리해 이미 어려운 것을 계승하고 또 관우와 더불어 이웃이 되었습니다. 이 사람은 길이 학문을 좋아하고 『좌전』을 대략 읽어 모두 상구上口이며 곧고 진실하여 영웅의 기질이 있습니다. 그러나 성품이 자못 스스로를 믿어 남을 능멸하는 것을 좋아합니다. 지금 함께 마주한다면 마땅히 홑과 겹이 있는 것으로 고을에서 대접할 것입니다."

몰래 노숙을 위해 세 가지 계책을 만들었는데 노숙이 공경하게 받고 비밀에 부쳤으며 선포하지 않았다. 손권이 항상 탄식하여 말했다.

"사람이 성장해서 전진을 더해 여몽이나 장흠과 같은 이에는 아마도 이르지 못할 것이다. 부귀하고 영화롭게 세상에 드러났는데도 다시 능히 기개를 꺾고 학문을 좋아하며 서전을 즐기고 재물을 가볍게 여기고 의를 높이며 행하는 바는 발자취가 되어 나란히 국사國士가 되었으니 또한 아름답지 않겠는가?"

손권이 괄목상대刮目相對하게 학업이 성취된 여몽을 극찬한 말이다.

학문이란 자신의 진취에 보탬이 될 뿐만 아니라 인격도 높이는 것이다. 독서는 남을 위한 것이 아니고 자신을 위하는 것이다. 많이 할수록 자신에게 도움이 되는 것이다. 독서를 게을리 하지 않는 것이야말로 학자의 본분인 것이다.

---

* 여몽呂蒙의 자는 자명子明이고 여남의 부피富陂 땅 사람이다. 오나라 손권의 장수이며, 형주에 있는 관우關羽를 물리쳤다.

* 괄목상대刮目相對는 남의 학식이나 재주 같은 것이 갑자기 진일보하여 놀라서 눈을 비비고 상대한다는 뜻이다.

삼국시대 오吳나라의 뛰어난 인물 여덟 사람

『삼국지』「오서」에는 "오吳나라의 뛰어난 여덟 인물은 오범吳範, 유돈劉惇, 조달曹達, 정구鄭嫗, 황상皇象, 엄무嚴武, 송수宋壽, 조불흥曹不興이다."고 했다.

오범, 유돈, 조달, 정구, 황상, 엄무, 송수, 조불흥의 여덟 사람은 오吳나라 손권의 인재들이었다.

오범吳範의 자는 문칙文則이고 회계의 상우上虞 땅 사람이며 역수曆數와 풍기風氣에 뛰어났다. 유도有道로 추천되었으나 경사에 이르러 세상이 소란하다고 여기고 가지 않았다. 때마침 손권이 동남쪽에서 일어나자 손권에게 의탁하고 매양 술수術數를 추신하여 재해를 말하여 많은 효험을 증명했다.

유돈劉惇의 자는 자인子仁이고 평원平原 땅 사람이다. 천관天官에 밝고 점술에 통달하였으며 손권을 도와 남토南土에서 저명하다는 이름을 남겼다.

조달曹達은 하남河南 땅 사람이고 구궁일산지술(九宮一算之術; 수학)에 통달했다. 즉 수학의 달인이었으며 또 숨어 있는 것을 꿰뚫어 정확히 알아내는 달인이었다. 그는 그의 술을 후세에 전수하지는 않았다.

정구鄭嫗는 고성孤城 땅 사람이며 여인으로서 관상학의 최고 대가大家였다고 한다.

황상皇象의 자는 휴명休明이고 광릉의 강도江都 땅 사람으로, 어려서부터 글씨를 잘 썼다. 당시에 장자병과 진양보가 글씨를 잘 썼으나 진양보의 글씨는 달아나는 듯하는 것을 애석하게 여겼고 장자병의 글씨는 까다로운 것을 애석하게 여겼는데, 황상은 두 사람의 것을 잘 조화시켜 중국에서 따를 사람이 없었다고 한다.

엄무嚴武의 자는 자경子卿이고, 당시 바둑에서 상대해 겨룰 사람이 없는 최고의 고수였다고 한다.

송수宋壽는 점을 잘 쳤으며 열에 아홉 번을 적중했다고 한다.

조불흥曹不興은 그림에 뛰어났다. 손권이 조불흥을 시켜 병풍을 그리게 했는데 실수로 붓을 떨어뜨려 흰 바탕에 점이 되었다. 그러자 그곳에 그 점으로 파리를 그려 넣었다. 그림이 완성되어 손권에게 올렸는데, 손권이 살아있는 파리로 여기고 손으로 내리쳤다고 한다. 그의 그림의 신묘한 것을 나타낸 것이 이와 같았다고 한다.

이상의 여덟 사람을 삼국시대 오吳나라의 뛰어난 인재라고 일컬었다.

국가의 인재人才는 다다익선多多益善이다.

『시경』의 대아大雅 문왕文王의 시에는

"세상은 밝지 아니한가, 그들은 더욱 신중했네.

생각하는 많은 신하들이 이 왕국에 태어났네.

이 왕국에 태어난 것은 주나라의 기둥일세.

많은 어진 선비들 있으니 문왕은 편안하시리."라고 했다.

진나라 때의 죽림칠현

『진서晉書』에는 죽림칠현竹林七賢의 전傳이 있다.

죽림칠현은 완적阮籍, 혜강嵇康, 산도山濤, 상수向秀, 유령劉伶, 왕융王戎, 완함阮咸이다.

죽림칠현竹林七賢은 진晉나라 초기에 노자老子와 장자莊子의 허무虛無 사상을 높이고 예의禮儀를 무시하고 죽림竹林에서 술을 마시고 시를 즐기며 방탕하게 놀다가 죽은 사람들을 말한다.

완적阮籍의 자는 사종嗣宗이고 진유陳留의 위씨尉氏 땅 사람이다. 위魏나라 말기에서 동진 때 사람으로 죽림칠현에서 으뜸이었다. 술을 좋아하고 거문고를 잘 탔으며 관직은 보병교위에 이르러 완보병阮步兵이라 일컬었다.

혜강嵇康의 자는 숙야叔夜이고 초국譙國의 질銍 땅 사람이다. 노자와 장자의 사상을 좋아하고 문장에 뛰어났으며 거문고에도 조예가 깊었다. 혜강은 문과 무를 겸비한 뛰어난 재주에 무제에게 미움을 사 반역자로 40세에 처형당했다.

산도山濤의 자는 거원巨源이고 하내의 회懷 땅 사람이다.

동진東晉의 고사高士이며 관직은 이부상서에 이르렀다. 청렴결백하고 인물을 잘 관찰했으며 혜강과 더불어 절친했다.

상수向秀의 자는 자기子期이고 하내 회懷 땅 사람이다.

장주莊周의 내외 10여 편을 저술했는데 그의 논지가 독특하다고 했다.

유령劉伶의 자는 백륜伯倫이고 패국沛國 사람이다. 작은 체구에 용모도 추했다. 완적, 혜강과 의기가 투합하였고 술을 좋아했으며 '주덕송酒德頌'을 지었다.

왕융王戎의 자는 준충濬沖이고 낭야의 임기臨沂땅 사람이다. 사람을 알아보는 식견이 있었고 아버지의 친구인 완적과도 왕래했다.

완함阮咸의 자는 중용仲容이다. 완적의 조카이며 음률을 기묘하게 풀어내었다. 술을 좋아하고 비파를 잘 탔다.

이상의 여섯 사람은 노장老莊의 허무虛無의 학문을 숭상하고 사회의 예의범절을 문란하게 한 사람들이었다. 또 시와 술로써 죽림竹林에서 모여 때로는 벌거벗고 음란한 놀이를 즐겼는데, 이들을 진晉의 죽림칠현竹林七賢이라고 부른 것이다.

이들이 지혜를 위로 하지 않고 아래로 향하게 했다면 진나라의 문화도 크게 빛났을 것이다.

『주역』의 뇌산소과雷山小過괘에는 "나는 새가 울음소리를 내는데 위로 하는 것은 마땅하지 않고 아래로 하면 크게 길할 것이다."

고 했다.

또한 이 사람들은 진나라의 인재이면서도 진나라의 문화를 문란하게 만든 장본인들이라는 오명도 함께하고 있다.

시구 한 글자로 이름을 드날리다

송나라의 범중엄范仲淹은 '엄선생사당기嚴先生祠堂記'를 지었다.

"설산은 푸릇푸릇하고 강수江水는 깊고 넓은데(雲山蒼蒼 江水泱泱) 선생의 풍風은 산은 높고 물은 길이 했네.(先生之風 山高水長)"라고 했다.

이구李覯는 이 시를 읽고 선생지풍先生之風의 풍風 자를 덕德 자로 고쳐야 한다고 했다. 이전에는 이구를 시인으로 아는 이가 별로 없었으나 이로 인하여 이구의 이름이 세상에 유명해졌다.

이름이 알려진다는 것이란 참으로 묘한 것이다.

『고문진보』에는 범중엄范仲淹의 '엄선생사당기嚴先生祠堂記'가 게재되어 있다.

범중엄의 자는 희문希文이고 송宋나라 인종仁宗 때 명재상이며, 문집은 '악양루기岳陽樓記'로 유명하다.

엄선생嚴先生은 엄광嚴光을 말하며, 후한後漢의 광무제光武帝와 동문수학同門修學한 친구이고 자는 자릉子陵이다.

당시에 광무제 유수劉秀는 엄광보다 별로 뛰어나지 못했으나 광무제는 천자의 자리에 올랐고 엄광은 일개 은거한 서생으로 생을 마감했다.

광무제가 천하를 평정하고 불렀으나 부춘산富春山 아래 숨어서 낚시질하며 부름에 응하지 않았다.

이구李覯의 자는 태백泰伯이고 호는 남풍南風이며 송나라 사람이다.

『주역』의 화천대유火天大有괘에는

"큰 수레에 짐을 실은 것이다."고 했다.

시로는 별로 세상에 알려지지 못했으나 풍風 자를 덕德 자로 고쳐야 한다는 말을 한 이후부터 당시의 세상에 이름이 알려진 인물이 되었다.

제9장 효孝가 주는 감복

효자 집안은 하늘의 복을 받는다

『시경』의 기취旣醉의 시에는
"효자가 끊이질 아니하니 길이 네게 착한 것을 주리."라고 했다.

정나라의 무공武公이 신申나라에서 부인을 맞이했는데 무강武姜
이라고 했다. 무강은 장공莊公과 공숙 단共叔段을 낳았다.

무강은 장공을 정상적으로 출산하지 못하여, 태어나서부터 무
강은 장공을 매우 미워했다. 그러므로 장공의 이름을 오생(寤生;
거꾸로 태어나거나, 잠을 자다 낳은 아이)이라고 했다.

장공이 무공의 뒤를 계승하자 무강은 장공에게 제制 땅을 동생
인 공숙 단에게 주라고 했는데 제 땅은 정나라의 요새라 반대하
고 경(京) 땅을 주었다.

공숙 단은 성문을 10자나 높이고 이웃의 세력을 키워 반역을
했다. 이에 공자여公子呂를 시켜서 경 땅을 공격케 하자 공숙 단은
언鄢 땅으로 달아났다. 다시 언 땅을 공격하자 5월에 공共 땅으로

도망했다.

『춘추』의 노魯 은공隱公 원년조에, 정나라 백작이 언 땅에서 공숙 단과 싸워 승리했다. 그리고 그의 어머니인 무강을 영성에 유폐시키고 맹세하기를 '불급황천 무상견야(不及黃泉 無相見也; 죽음에 이르지 않을 때까지는 서로 만나보지 않을 것이다)'라고 했다.

춘추시대에 정鄭나라에는 영고숙穎考叔이란 효자가 있었다.

영고숙은 영곡穎谷의 봉인封人 땅 출신인데 이러한 소식을 듣고 장공에게 좋은 선물을 바치자 장공이 맛있는 고깃국을 내렸다. 영고숙은 고깃국을 먹다 조금 남겼다. 장공이 그의 까닭을 물었다.

영고숙이 말했다.

"소인에게는 어머님이 계신데 모두 소인이 먹는 것만 맛보았고 군주가 잡수시는 것을 맛보지 못했으니 나머지를 어머니에게 드리려고 하는 것입니다."

장공이 말하기를 "그대는 어머니가 있어 국을 줄 수 있는데 나는 홀로 어머니가 없구나!"라고 탄식하며 그의 까닭을 영고숙에게 말하고 그 일을 후회한다고 했다.

영고숙이 말하기를 "그에 무슨 문제가 있겠습니까? 만약 어머님이 계신 곳으로 땅을 파 샘물이 나오게 하고 땅굴을 파서 들어가 서로 만난다면 그 누가 황천에 가서야 만나겠다고 한 맹세를 지키지 않았다고 말하겠습니까."라고 했다.

장공이 영고숙의 말에 따랐다.

이에 굴을 파고 들어가 만나보고 기뻐하며 노래 부르기를,

"이 큰 굴 안에서 어머니를 만난 즐거움이 상쾌하기도 하네."라고 했다.

무강도 아들을 만나보고 노래하기를,

"큰 굴 밖에 나와 보니 그 즐거움이 넘치고 넘치는구나."라고 했다.

드디어 어머니와 아들 사이의 정이 처음과 같이 되었다.

군자는 말했다.

"영고숙은 지극한 효자였다. 그의 어머니를 사랑하는 마음이 주군인 장공에게까지 전해져 감화시키는 데 이르렀다."

『시경詩經』의 시는 이러한 것을 말하는 것이리라.

이는 효자는 자신의 부모뿐 아니라 나라의 군주도 감화시킨다는 것의 표본이다.

『효경孝敬』에는 "효도로써 위를 섬기는 것은 진실한 것이고, 공경으로써 어른을 섬기는 것은 따르는 것이다. 진실한 것과 따르는 것을 잃지 않고 그의 위를 섬긴다면 그의 지위와 녹봉은 보존될 것이다."고 했다.

『시경』의 육아蓼莪의 시에는

"아버님 나를 낳으시고 어머님 나를 기르시어

나를 쓰다듬고 기르시며 나를 키우시고 성장시키셨네.

나를 돌보시고 또 돌보시며 들고 날 때 나를 돌보시니

이 은혜 갚으려 하나 하늘보다 넓어 끝이 없어라."라고 했다.

* 『시경詩經』은 상고上古 때의 시를 모은 책이다. 오경五經의 하나이며, 본래는 3천여 수였는데 공자가 산정刪定하여 311편으로 만들었다.

* 영고숙穎考叔은 춘추시대 정鄭나라의 효자로, 영곡穎谷의 봉인封人 땅 사람이다.

* 『효경孝經』은 공자의 제자인 증자曾子가 공자의 효에 관한 말을 받아서 기록한 저서이며 18장으로 되어 있다.

나무는 고요하려고 하나 바람이 가만두지 않는다

고어皐魚는 어느 날 길거리에서 부모가 돌아가셨다는 부음을 듣고 슬피 울며 노래 불렀다.

"나무는 고요히 있으려 하지만 바람이 불어 흔들어 가만히 두지 않고

자식은 부모를 봉양하고자 했는데 부모는 기다려 주지 않네.

지나간 일을 돌이킨다는 것은 불가한 것이고

떠나간 이를 따르는 것도 불가한 것은 어버이라네."

어느 날 공자가 제자들과 함께 집으로 돌아오는 길에 길거리에서 제자인 고어가 슬피 울며 노래하는 것을 보았다. 공자의 제자들이 이 광경을 보고 부모를 모시고자 공자의 곁을 떠난 자들이 절반 가까이에 이르렀다.

효孝란 본래 백행(百行; 온갖 행동)의 근본이라고 했다. 이 때문에 역사가 있는 이후로부터 집권한 모든 통치자들이 효孝과 충忠을 누누이 강조해 왔다.

그러나 효를 실천에 옮기는 백성들의 수는 아주 적었다. 또 효자를 표창하고 국가에서 모든 예우를 다했지만 어느 국가에서나 효자의 수는 그리 많지가 않았다.

그런데도 효는 내세우는 것은, 효자는 배신하지 않기 때문이며 또 자신의 치세治世에 반드시 필요한 통치수단의 하나로 사용하기 위한 것이기 때문이다.

왜일까?

효도란 말로는 쉽지만 그의 실천이란 어려운 것이다. 행동과 언어로 부모를 편안하게 한다는 것이 말로는 쉽게 느껴질지 모르겠으나 몸으로 실천에 옮긴다는 것은 참 어려운 일이다. 아침 일찍 일어나 부모의 문안을 살피고 부모의 마음을 편안하게 한다는 것 자체가 자신이 부지런히 힘을 쓰지 않으면 안 되기 때문이다.

현대 사회는 자신의 생활도 바쁘고 시간도 없는데 어느 겨를에 이를 실천하겠는가. 현대 사회에서의 효란 부모에게 걱정을 끼치지 않고 자신이 사회에 잘 적응해 가며 부부의 일은 부부가 해결하고 부모에게 근심을 더하는 것이 없는 것만으로도 부모에게는 큰 효도가 아닐까 생각해 본다.

『효경孝經』에는 '세상의 형벌은 3천 가지인데 그 가운데 불효不孝보다 큰 죄는 없다.'고 했다. 그리고 불효의 조목 가운데 제일 큰 죄는 후사를 계승시키지 않는 일이라고 했다.

---

* 고어皐魚는 공자의 제자이다.

어머니를 버리면 세 아들이 떨게 된다

『오륜행실도五倫行實圖』에 공자의 제자 민손閔損이 말했다.

"현재의 어머니를 버리면 세 아들이 홑옷을 입고 추위에 떨게 될 것입니다."

민손閔損은 춘추시대 노魯나라 사람으로 공자의 제자이며 자는 자건子騫이다. 또 공문孔門 10철十哲의 한 사람이고 효자로 널리 알려졌다. 비공費公으로 봉해졌다.

민손은 어려서 어머니가 일찍 돌아가셔 그의 아버지는 재취再娶하여 또 두 아들이 두었다.

어느 추운 날 민손은 아버지를 따라 두 동생들과 함께 길을 가는데, 그의 아버지 눈에 민손만이 유달리 추위에 덜덜 떠는 것이 보였다. 아버지는 이상하게 여기고 민손의 옷을 살펴보니 옷에 넣은 것은 솜이 아니라 갈대풀을 넣어 지은 옷이었다. 그의 동생들의 옷을 살펴보니 모두 솜을 넣어 지은 옷이었다.

집으로 돌아온 그의 아버지는 화가 나서 계모를 꾸짖고 내쫓으려고 했다. 민손이 울면서 간해 말했다.

"지금의 어머니를 내쫓으면 앞으로 세 아들이 추위에 떨게 되겠지만, 지금은 저 혼자만이 추위에 떨면 될 것입니다."

아버지는 그의 말을 듣고 내쫓는 것을 중지했는데, 계모는 민손의 말을 듣고 개과천선改過遷善하여 민손에게도 그 뒤에는 자신의 아들과 동등하게 대했다고 전했다.

효자는 하늘이 내고 하늘이 낸 효자는 타인도 감동시킨다고 하는데, 이 말이 실제로 증명된 실화이다. 여기에는 민손단의閔損單衣라는 고사성어도 전하고 있다.

『맹자』에는 '부모를 섬기는 것은 부모의 마음을 기쁘게 하는 것이 최고의 효도이고, 음식만을 올리는 것은 소나 말을 기르는 것과 같다.'고 했다.

---

* 『오륜행실도五倫行實圖』는 조선朝鮮의 정조正祖 때 편찬했으며 효자, 충신, 열녀 등 유학儒學의 덕목을 지킨 중국과 조선의 인물 150인의 행적을 김홍도金弘道의 그림을 곁들여 소개한 책이다.

일곱 발자국 만에 지은 시

조식曹植이 칠보시七步詩를 지었다.

"콩을 볶는데 콩 줄기로 불을 땐다.

콩은 솥 안에서 볶이어 울음을 터뜨리네.

본시 한 뿌리에서 태어났건만

서로 들볶는 것이 어찌 이리 태급太急한 것인가?"

『고문진보古文眞寶』에 게재되어 있는 시이다.

조조曹操의 둘째 아들 조식曹植은 문장이 뛰어났으며 조조의 총애를 받았다. 조식의 형인 조비曹조는 태자가 되었으나 항상 동생인 조식이 자신의 자리를 위협하는 것으로 여기고 경계하며 한을 품고 생활을 해왔다.

조조가 죽고 태자인 조비가 천자의 자리를 물려받았다. 이에 동생인 조식을 원망하고 죽이려고 하면서 조식에게 말하기를, 일곱 발자국을 걸으면서 시를 짓지 못하면 죽이겠다고 위협했다. 이에 조식이 일곱 발자국을 걸으면서 이 칠보시七步詩를 지은 것이다.

일곱 발자국을 걸으면서 이를 지었다는 것은, 믿기지 않을 정도의 대단한 시재詩才가 있지 않았다면 이토록 형제가 상원相愿하는 정을 잘 표현할 수가 있었겠는가!

『효경』에는 '효도와 우애의 지극한 것은 모든 신령에게 느껴 통하게 하고 온 천하에 광채를 발동하게 되어 통하지 않는 곳이 없다.'고 했다.

---

* 조비曹丕는 조조의 장자長子로 위문제魏文帝이다.

제10장 불로장생의 술術

130세에도 30세의 젊음을 유지한 사람

『한서』에는

"도인道人 유경劉景은 후한後漢 때 사람이다. 한단邯鄲 땅의 장군張君을 따라 도술을 배웠다. 이에 '운모주과방雲母朱菓方'의 처방을 받아 이 약을 복용했다. 130세까지 장수했으며 130세에도 30세의 젊음을 유지했다."고 했다.

역사서에는 가끔 믿기지 않는 의심스러운 일들이 기술되어 있다.

'운모주과방'의 처방이 있었다면, 그 처방을 전수했더라면 후세의 모든 사람도 장수할 수 있었을 것인데 그러한 처방은 전해지지 않았다.

이 또한 신선술을 부각시키기 위해 가상의 처방을 만들어 낸 이야기인 듯하다.

현대 의학에서는 포유동물의 적정 수명이 125세라고 하는데, 고대 한나라 때에 130세를 넘어서까지 30대의 용모를 유지하고 장수했다면 대단한 일이 아니겠는가!

장수는 모든 사람들이 바라는 바이다. 신선이나 연단술鍊丹術은 어느 역사서에서든 종종 기록되어 있다. 그러나 그 실상에 대해서는 항상 의문점이 남는다.

'운모주과방'이 과연 존재는 했을 것인가?

진晉나라의 갈홍葛洪은 자신의 저술인 『포박자』에 신선술을 논하고 연단술鍊丹術을 기록해 놓았는데 그의 술術은 현대에도 제조가 불가한 것이었다.

---

* 『포박자抱朴子』는 진晉나라 갈홍葛洪의 저서로 내편 20편, 외편 52편의 도가서道家書이다. 불로장생의 신선술과 구체적인 이론을 실제로 본 것에 의거하여 논하고, 경전의 금기와 계율 등을 기술했다.

인생은 짧은 것, 즐겨 놀지 않겠는가!

『후한서』, 『고문진보』에는

"세상 사는 나이는 백 년을 채우지 못하는데

항상 천 년의 근심을 품는다네.

낮은 짧고 밤이 긴 것은 괴로운 것

어찌 촛불을 켜고 놀지 않으랴!

즐기는 것은 제 때에 이르러야 되는 것인데

어찌 능히 내년을 기다릴 것인가!

어리석은 사람은 비용만 아껴서

함께 세상의 웃음거리가 된다네.

선인(仙人; 신선)인 왕자교王子喬와는

같이 장수長壽를 기약하기는 어렵다네."라고 했다.

인생은 짧은 것이니 즐기며 살자고 노래하였다.

이 시는 『고문진보古文眞寶』에 나와 있다. 작자가 무명씨無名氏
로 되어 있는데, 후한後漢 때의 매승枚乘의 시라고도 한다.

사실 사람이 1백 세를 살더라도, 살다보면 그 시간이 엊그제인 것처럼 짧게 느껴진다. 그 짧은 시간을 즐기지 않고 어찌 그냥 보낼 것이겠는가?

하지만 인생이란 즐거운 것도 있고 슬픈 것도 있는 것인데 어찌 즐거운 것만을 찾겠는가?

이 시는 회계 땅에서의 매승이 젊어서 고달팠던 시절의 한을 토로한 시였을 것이다.

---

* 왕자교王子喬는 후한後漢 때 섭현葉縣의 현령으로 신선이 된 왕교王喬를 말한다.
* 매승枚乘은 한漢나라 무제 때의 시인이며 회계태수를 지냈다.

태식胎息과 태식胎食

⊜

『후한서』 방술方術열전에는

"왕진王眞과 학맹절郝孟節은 모두 상당上黨 땅 사람이었다. 왕진은 나이가 1백 세인데 얼굴을 살펴보면 광택이 있고 50세가 안 되는 듯했다.

스스로 이르기를 '오악五岳의 명산을 두루 올라 다녔으며 두 사람은 태식胎息과 태식胎食의 방법을 능히 행하고 설하천(舌下泉; 혀 밑의 침샘)에서 침을 빨아 삼키고 방실(房室; 아내)을 단절하지도 않았다.'고 했다.

학맹절은 대추씨를 먹는 데 능하고 밥을 먹지 않은 지가 5년에서 10년에 이르렀다. 또 기를 뭉치고 숨을 쉬지 않았으며 신체도 요동시키지 않아 상태가 죽은 사람과 같았으며 1백 일에서 반년에까지 이르는 것이 가했다.

또한 가정을 두었다. 사람됨의 바탕이 삼가고 망령된 말을 하지 않았으며 사군자士君子와도 같았다. 조조는 사람을 시켜서 모든 방사方士를 거느리게 하였다."고 했다.

기식氣息이나 기공氣孔에서 태식胎息에 관한 일은 알려져 있지만 태식胎食에 대한 일은 잘 알려져 있지 않다.

태식胎息이란 태아가 어머니의 뱃속에서 호흡하고 자라는 것과 같이 물속에서도 물고기처럼 자유자재로 호흡할 수 있는 일이다.

태식胎食은 태아가 어머니의 뱃속에서 영양분을 섭취하는 것과 같이 사람이 설하천舌下泉을 빨고 영양을 보충하여 생명을 유지하는 일이다.

『한무내전漢武內傳』에는 "왕진王眞의 자는 숙경叔經이고 상당上黨 사람이었다. 기를 닫고 삼키는 것을 익혀 이름을 '태식胎息'이라고 했으며, 또 설하천(舌下泉: 침샘)에서 침을 빨아 삼키는 것을 익혀 이름을 '태식胎食'이라고 한다고 했다. 왕진이 이를 행하여 곡식을 2백여 일 동안 단절했는데, 살의 색이 광채가 나고 아름다웠으며 모든 사람들과 힘을 나란히 하였다."고 했다.

『포박자』에는 "태식胎息은 코나 입으로 숨을 내뿜고 들이쉬지 않는 것이며, 태아가 어머니의 태 속에 있어 호흡하는 것과 같다."고 했다.

태식胎食은 설하천舌下泉을 빨아 그의 침만을 삼키는 것이다. 곧 어린아이가 어머니의 뱃속에서 영양을 공급 받는 것과 같이 곡식을 단절하고 그의 침으로만 생명을 유지한다는 도가道家의 단련법鍛鍊法을 말한다.

----

* 방술열전方術列傳은 방술方術의 술법으로 장생불사長生不死의 법을
  연마하는 사람들을 뜻한다.

* 왕진王眞과 학맹절郝孟節은 모두 장생불사를 연마했던 후한後漢 때
  사람들이다.

* 수嗽는 삭嗽으로 발음한다.

기러기 깃털보다 가벼운 죽음

『사기』사마천司馬遷이 말했다.

"죽음이란, 태산보다도 무거운 것이 있기도 하고 또 기러기 깃털보다도 가벼운 것이 있기도 하다."

사실 죽음이란 당사자에게는 중차대한 일이겠지만 어찌 생각해 보면 기러기의 깃털보다도 더 가벼운 한낱 허망한 일인 것이다.

사람이란 태어나면 언젠가는 죽음에 이른다. 역사가 있어온 이래로 인간의 수명은 백 년을 기약하는 것도 극히 어려웠다.

시인 매승枚乘이 '백 년도 채 살지 못하면서 천 년의 근심을 하네. 낮은 짧고 밤은 긴데 어찌 촛불 켜고 놀지 않으랴!'고 한 것은 인생이 그만큼 짧다는 것을 노래한 것이다.

또 장생불사長生不死를 꿈꾸던 뭇 사람들은 별의별 짓을 다 하고 심지어 오래 산다고 하면 안 먹는 것이 없을 정도로 찾아 먹고 있지만 타고난 수명을 벗어난 사람은 없었다.

질병을 앓거나 병고에 시달리다가 죽는 것을 생각하면 죽는 것은 두렵고 태산처럼 무거운 것이겠으나, 잠을 자다 죽는다거나 사고로 죽는 것은 순식간의 일로 어찌 생각하면 허무하기 짝이 없기 때문에 기러기 깃털보다 가벼운 것이라고 사마천이 말한 것이리라!

『노자도덕경』에는 "분수를 지키는 자는 오래 가고, 죽어서도 잊지 않는 자는 장수한다."고 했다.

---

* 사마천司馬遷은 전한前漢의 사가史家이다. 자는 자장子長이고 태사령太史令 사마담司馬談의 아들이다. 무제 때 흉노에게 항복한 이릉李陵을 변호하다가 무제의 격노를 사 궁형(宮刑: 고환을 제거)을 당했다. 그 후 중서령이 되어 아버지 사마담이 끝마치지 못한 수사修史의 업을 계승하여 태사령이 되어 310권이나 되는 『사기史記』의 작업을 완성시켰다.

뛰어난 의사라도 명이 없는 사람은
구원하지 못한다

『후한서』소경蘇竟전에 소경이 말했다.

"뛰어난 의사라도 명命이 없는 사람을 능히 구원하지 못하고, 힘이 지극히 쎈 사람이라도 하늘과 더불어 일을 다투지 않는다. 하늘이 무너뜨리려는 것은 사람으로써 지탱하는 것을 얻지 못한다."

살 운명이 없는 사람은 아무리 뛰어난 의사라도 치료해 살릴 수가 없다는 말이다. 또 아무리 뛰어난 힘을 가졌더라도 하늘과 더불어 일을 다투지는 못한다고 했다.

편작扁鵲과 같은 신의神醫도 환후桓侯의 질병을 치료하지 못했다. 항우項羽와 같은 뛰어난 힘을 가졌어도 하늘이 낳은 유방을 이기지 못한 것과 같은 것이다.

또 하늘이 무너뜨리려는 것은 사람으로써는 지탱하지 못하는 것이지만, 무수한 사람이 힘을 합하여 만드는 것은 하늘이라도 능히 막는 것이 불가한 것이라고도 했다.

세상에서 자신의 병을 가장 잘 아는 사람은 의사보다 자기 자신이다. 의사는 자신보다 잘 모른다. 그런데 사람들은 그렇지 않다고 여긴다.

의사가 어디가 아파서 왔느냐고 물으면, 어디어디가 아프다고 대답한다. 아픈 곳을 이미 잘 알고 있는 것이다. 최고의 의사는 자신이고 의사는 두 번째인데, 사람들은 의사가 첫 번째라고 하는 것이다.

『주례周禮』에는 옛날부터 사람이 병이 들지 않도록 예방을 위하는 의사가 최고의 의사이며 이를 의성醫聖이라고 했다.

다음으로 질병의 초기에 약을 쓰지 않고 병을 치료하는 의사는 상의上醫이다.

다음으로 질병에 약이나 침술이나 별도의 방법을 사용하여 치료하는 이는 중의中醫이다.

그 다음으로 질병에 약만을 사용하여 치료하는 자는 하의下醫라고 했다.

옛날에 의사를 구분하던 방법이 오늘날보다 앞서 있었다고 할 것이다.

---

* 소경蘇竟의 자는 백황伯況이고 부풍의 평릉平陵 땅 사람이며 글을 잘 지었다.

조신祖神의 유래

응소應劭의 『풍속통風俗通』에는

"조신(祖神; 길의 신)은 공공씨共工氏의 아들 수修였다. 공공수公共修
는 먼 곳에서 노는 것을 좋아했다. 배나 수레가 이르는 곳이나 사
람의 발자취가 닿는 곳이라면 모두 살펴보지 않는 곳이 없었다. 이
로써 공공수를 조신으로 삼았다."고 했다.

황제黃帝의 아들 누조纍祖가 멀리 놀러 다니는 것을 좋아하다가
길에서 죽었다. 이에 뒷날 누조를 조신祖神으로 받들고 도로에서
복을 축원했다고 한다.

중국에서는 길을 떠날 때 벗들이 모여 성대한 연회를 열어 조신
(祖神; 길의 신)에게 복을 비는 송별연을 했다. 곧 조신祖神에게 길
을 가는 데 무사하게 해줄 것을 비는 제사를 지내는 것이다.

또 군사가 출정할 때에도 성대한 연회로써 조신祖神에게 군사
의 승리를 기원하기도 했다.

이처럼 조신祖神에게 복을 비는 송별연은 그 유래가 아주 오래

된 것이다.

---

* 응소應劭는 후한의 여남汝南 사람이며 자는 중원仲遠이다. 영제靈帝
때 태산태수가 되어 황건적을 물리쳐 공로가 있었고, 헌제獻帝 때 원
소袁紹의 군모교위로 임명되었다. 고전에 해박하여 율령을 산정하고
『풍속통風俗通』 등을 저술했다. 『풍속통』은 처음 30권으로 되어 있었
는데 송宋나라 이후에는 10권으로 전해졌다. 내용은 모두 일반인의
유속流俗에 관한 잘못된 인식을 바로 잡으려고 사물을 고증하고 논
술한 것들이다.

최고의 애주가

정천鄭泉의 자는 문연文淵이고 진군陳郡 사람이다. 널리 배우고 기묘한 마음을 가졌다고 했다. 성품이 술을 좋아했으며 한가하게 거처하면 매양 말했다.

"아름다운 술 5백 섬을 얻어서 네 계절에 달게 잘 삭혀 무르익은 것을 양쪽 머리맡에 두고 반복해서 마실 것을 꿈꾼다.

마시는 데 몰입하고 피곤하면 곧 머무르며 아름다운 안주를 씹는다.

술은 말과 되를 사용하는데 줄어들면 그에 따라 곧 또 더한다면 또한 상쾌하지 않겠는가!"

손권이 정천을 낭중郎中으로 삼았다. 일찍이 더불어 말했다.

"경이 백성들 속에서 대면하고 간하기를 좋아한다는데, 혹여나 예의와 공경을 잃고도 어찌 용의 비늘을 건드리는 것을 두려워하겠는가?"

정천이 대답했다.

"신이 듣자니 현명한 군주와 곧은 신하는 지금의 조정에서 만나면 상하上下가 숨김이 없다고 했습니다. 진실로 큰 은혜를 믿는다면 용린龍鱗을 두려워하지 않을 것입니다."

뒤에 조정에 연회가 있어 참석했는데 손권이 정천을 두려워하고 끌어내어 담당 관리에게 명하여 독촉해 죄를 다스리도록 했다.

정천이 끌려 나가면서 자주 되돌아보자 손권이 불러 돌아오게 하고 웃으면서 말했다.

"경의 말이 용린龍鱗을 두려워하지 않는다고 했는데 왜 끌려 나가면서 되돌아보았는가?"

정천이 말했다.

"진실로 은혜의 살핌을 믿고 죽을 걱정이 없다는 것을 알았으나, 마땅히 합문에 이르러 나가는 데 있어서는 오직 위령威靈을 느끼고는 돌아보지 아니치 못했습니다."

정천은 어느 날 촉蜀나라에 사신으로 갔는데 유비가 물었다.

"오왕吳王이 무엇 때문에 나의 편지에 답장을 하지 않소. 또 나의 정명正名이 마땅하지 않다는 것이 없다는 것을 얻겠소."

정천이 말했다.

"조조 부자는 한나라의 왕실을 능멸하고 깔아 뭉겨 마침내 그의 지위를 빼앗았습니다. 전하께서는 이미 종실이 되어 유성(維城; 황실의 방패)의 책임이 있는데 창을 메고 몽둥이를 가지고 온 천하에서 솔선하지 않으시고 자신의 명칭만을 옳게 여기시는 것으로, 천하의 의논에는 합당하지 않을 것입니다. 이 때문에 과군(寡君; 손권)께서는 다시 편지를 하지 않았을 뿐입니다."

유비는 매우 부끄러워했다.

정천이 죽음에 이르러 같은 동료들에게 말했다.

"반드시 나를 도가(陶家; 질그릇 굽는 집안)의 곁에 장사지내주게. 수백 년 뒤에는 변화해 흙으로 되었다가 다행히도 그 흙으로 술병이 만들어지게 되고, 그 술병에 술이 가득 채워진다면 진실로 나의 마음을 얻는 것이다."

이처럼 죽으면서도 술을 노래한 사람은 정천이란 사람이 처음일 것이다.

당唐나라 이백李白은 '세 잔의 술에 대도大道를 깨우치고 한 말의 술에 자연自然과 합한다.'고 노래했다.

---

* 『오서吳書』는 손권孫權이 세운 오吳나라의 역사를 기록한 책이다. 정천鄭泉은 손권 밑에서 태중대부太中大夫를 지냈다.

밝은 눈을 오래도록 유지하는 비결

『진서』범영范甯전에, 범영이 장잠張潛에게 눈이 밝아지는 처방을 물었다.

장잠이 조롱하여 대답해 말했다.

"손독서損讀書의 하나, 감사처減思處의 둘, 전내시專內視의 셋, 간외관簡外觀의 넷, 조만기旦晩起의 다섯, 야조면夜早眠의 여섯 가지 모두를 신화神火에 볶고 기사(氣篩; 기의 체)에 내려서 가슴속에 쌓아 둔다.

7일이 된 뒤에 방촌(方寸; 마음)으로 들여 한 시진 동안 마음을 닦는다.

이렇게 하면 가까이에서는 눈의 속눈썹을 세어 볼 수 있고 멀리는 한자의 말채찍의 나머지도 볼 수 있다.

이것을 오래도록 복용하는 것을 중지하지 않는다면 담장 밖을 통하여 볼 수 있으며, 다만 눈만이 밝아질 뿐만 아니라 이에 또한 장수도 하는 것이다."고 했다.

진晉나라 범영范甯의 자는 무자武子이고 학문에 성실하여 통람通
覽한 바가 많았다. 이 때문에 당시에는 범영을 질시하는 사람들이
있었고 왕응지王凝之나 장잠張湛이라는 사람도 그 가운데 한 사람
이었다.

　범영이 안질이 심하여 중서시랑인 장잠에게 안질에 대한 처방
을 부탁했는데, 장잠이 조롱하여 "독서를 하면 눈을 해치는 것의
하나, 깊이 생각하는 것으로 눈의 수명을 줄이는 것이 둘, 안으로
살피는 것만을 오로지하는 것의 셋, 밖으로 살피는 것만을 간단하
게 하는 것의 넷, 아침에 늦게 일어나는 것의 다섯, 밤에 일찍 잠
을 자는 것의 여섯 가지를 모두 합하여 신비로운 불로써 볶고 기
氣의 체로 걸러서 가슴속에 쌓고 7일이 된 연후에 마음속에 들여
한 시간 동안 마음을 다스린다. 이렇게 하면 가까이에서는 자신의
속눈썹을 세어 볼 수 있고 멀리는 말채찍의 모두를 볼 수 있으며,
길이 복용하는 것을 그치지 않는다면 담장 밖을 통하여 볼 수 있
다. 비단 눈만 밝아지는 것이 아니라 또한 오래도록 수명도 연장
시키는 것이다."고 한 것이다.

　곧 나빠지는 눈을 고칠 수가 없다는 것을 말한 것이며, 허황虛荒
한 처방을 제시하여 밤낮으로 독서에 몰두하는 범영의 행태를 야
유한 것이다. 곧 해학적諧謔的인 처방이었다.

---

* 범영范甯의 자는 무자武子이고 범왕范汪의 아들이다. 『춘추곡량전春
　秋穀梁傳』을 주석했다.

사람의 생명을 구하는 데 수명을 점치지 않는다

『진서』곽우郭瑀전에는

"하수河水에 이르러 물에 빠진 사람을 건지면서 그 수명의 길고 짧은 것을 점치지는 않는다. 질병을 3년간 치료하면서도 음식을 권하는 것을 미리 단절시키지 않는다."고 했다.

사람이 물에 빠지면 구하는 것이 먼저이고 수명이 길고 짧은 것은 나중의 일인 것이다. 사람이 물에 빠졌다면 선후를 가리지 않고 당장 구제하는 것이 먼저라는 것을 말한 것이다.

또 질병을 오래도록 치료하여 언제 죽는다는 것을 알고 있을지라도 죽는 그날까지 음식을 올리게 하는 것이요, 곧 죽을 것이니까 미리 음식을 끊어서는 안 된다는 것을 뜻한 것이다. 사람이 죽는 그 시각까지 인간의 도리를 다해야 한다는 것을 의미한 것이다.

또 본인이 죽는다는 것을 인식하지 못하게 하는 것이야말로 의료인이 가져야 할 지극한 덕목의 하나라는 것을 잘 나타낸 것이기도 하다.

---

* 곽우郭瑀의 자는 원유元瑜이고, 은일隱逸의 선비이다. 석굴에 거처하
며 잣 열매를 먹고 살았으며 『춘추묵설春秋墨說』 등을 저술했다.

술이 어디에 좋아서 그대는 즐기는 것이오!

『진서』맹가전孟嘉傳에, 진晉나라의 환온桓溫이 맹가에게 물었다.

"술이 어디에 좋아서 경이 즐기는 것이오?"

맹가가 대답했다.

"공(公; 환온)께서는 술 속의 멋을 얻지 못했을 뿐입니다."

또 물었다.

"기생에게 듣자니 거문고는 퉁소와 같지 못하고, 퉁소는 살이 붙는 것만 같지 못하다고 하는데, 무엇을 뜻하는 것이오?"

맹가가 대답했다.

"점점 가까이하여 남녀가 자연스러워지는 것입니다."

맹가는 풍류風流의 진수를 아는 사람이었다. 환온은 당시 진晉나라의 권세가이며 국정을 멋대로 하는 자였다. 그런 그가 풍류에는 무지하여 맹가에게 묻기를 "술이 무엇이 좋아서 그대는 술을 즐기는 것이오?"라고 물은 것이다.

맹가는 "공公께서는 술 속의 정취를 얻지 못했을 뿐입니다."라고 답을 했다.

또 환온이 물었다.

"기생에게 듣자니 거문고〔현악기〕는 퉁소〔관악기〕와 같지 못하고, 퉁소는 살〔肉〕과 같지 못하다는 것은 무엇을 이르는 것이오?"

맹가가 대답했다.

"점점 가까이하여 자연적으로 음陰과 양陽이 합하는 것입니다."

곧 현악기는 손으로 타는 것이고 관악기는 입으로 부는 것이며 육(肉; 살)은 남녀의 살과 살이 서로 접하는 것을 뜻한 것이다.

현악기는 손에서 놀고 관악기는 입으로 붙어 연주하는 것으로, 손으로 희롱하고 입으로 감언이설을 하며 희롱하는 것보다는 남녀의 살과 살이 밀착하여 남녀의 정이 통해 일심동체一心同體가 된다면, 환락의 극치에 이른다는 것을 말하는 것이다.

곧 환온은 이러한 음풍농희吟風弄戲하는 기방妓房 습속의 뜻을 이해하지 못하고 그것을 맹가에게 물은 것이다. 이에 맹가의 재치 넘치는 해설을 곁들여서야, 그제야 이를 이해한 것이다.

이는 당시 진나라의 음란한 풍속의 기생문화와 음란한 시대상을 함께 보여주는 일화이기도 하다.

'날개'의 작가 이상李箱이 진晉나라 기생문화의 풍류적인 이야기의 뜻을 이해하고 '69'라는 다방을 운영한 것인가!

『유몽영』에는

"달빛 아래 선禪을 들으면 정취가 더욱 심원하고

달빛 아래 검劍을 이야기하면 간담이 더욱 참되고

달빛 아래 시詩를 논하면 풍치가 더욱 그윽해지고

달빛 아래 미인과 마주하면 정의情意가 더욱 두터워지리."라고
했다.

---

* 환온桓溫의 자는 원자元子이고 환이桓彛의 아들이며 벼슬은 대사마에
  이르렀다. 황제 혁(奕; 海西公)을 폐위하고 간문제簡文帝를 옹립한 뒤
  에 찬탈의 음모를 꾸미다 이루지 못하고 병으로 죽었다.
* 맹가孟嘉의 자는 만년萬年이고 강하江夏의 맹鄳 땅 사람이다. 오吳나
  라 효자인 맹종孟宗의 손자이다.

술은 미치게 하는 약이지 아름다운 맛은 아니다

범노공질范魯公質의 계자서戒子書에서 말했다.

"너는 술을 즐기지 말라. 미치는 약이지 아름다운 맛은 아니니라."

동양에서 술〔酒〕은 하夏나라 때 의적儀狄이 발효시켜 우禹임금에게 바친 것이 최초이다. 우임금은 처음 술을 맛보고 후세에 술로 인하여 나라를 망칠 것이라 여기고 의적을 오랑캐 땅으로 추방시켰다.

그런데 의적은 오랑캐 땅에 살면서도 술을 계속 만들고 이를 전하였다. 이 술이 다시 중국으로 들어와 중국에도 유행했다.

하나라의 말기에 이르러 걸왕桀王은 주지육림酒池肉林을 만들었다. 그리고 말희妹喜와 함께 주지육림에서 포악하고 잔인하게 음란한 놀이를 즐겼다. 그는 백성 3천여 명에게 술을 마시게 하고 술에 취해 죽게 하는 놀이를 즐기다가 마침내 은殷나라 탕왕湯王에게 멸망하였다.

술이란, 처음에는 사람이 술을 마신다. 적당히 술기운이 오르면 이제는 술이 술을 부른다. 술이 술을 불러 마시게 되면 이제는 술이 사람을 지배하게 된다. 술이 사람을 지배하게 되면 그때부터 인사불성이 되는 것이다.

적당히 마시면 기분도 좋고 흥이 일지만, 적당함이 지켜지지 않는 것이 술의 마성魔性이다. 적정량을 넘어서게 되면 이때부터 곧바로 술은 아름다운 맛이 아니고 미치게 하는 약으로 변해 가는 것이다.

항상 경계심을 가져 명심해야 하는데, 한 잔의 술이 입으로 들어가서 그 술기운이 몸에 이르게 되면 잘 지켜지지 않는 것이 술을 마시는 사람의 속성이기도 하다.

미치게 하는 약이고 아름다운 맛이 아니라는 것은, 술을 마시고 취했다가 술이 깬 뒤에 누구나 느끼는 것이다.

『시경』의 빈지초연賓之初筵의 시에는

"손님이 잔치의 처음에는 모두 점잖고 공손하네.

술 취하지 않았을 때는 예의범절이 의젓하더니

이미 취한 뒤에는 위엄과 예의가 없어졌네.

자리 떠나 이리저리 옮기며 술잔 들고 비틀비틀 춤을 추네.

이미 취한 뒤에는 예의범절 산만해졌네.

이것이 취한 것이라. 그 질서도 알지 못하네."라고 노래했다.

---

* 범노공질范魯公質의 이름은 질質이고 자는 문소文素이다. 후주後周의 평장사를 지내고 송宋나라에서 노국공魯國公에 봉해졌다.

동물이 장수하는 비결

『자전字典』에는

"신선神仙이 장생불사長生不死하기 위해 자신을 달련達練시키는 일이나 곰이 나뭇가지에 매달려 대롱거리는 일이나 새가 목을 길게 뽑는 행위 등은 모두 수명을 늘리기 위한 일이다."고 했다.

사람만이 장수하려고 노력하는 것이 아니라 새나 짐승도 오래 살려고 노력하는 것이다.

짐승은 짐승의 방법을 사용하는데, 곰이 나뭇가지에 매달려 대롱거리는 행동이 있다. 새는 새 나름의 방법을 사용하여 목을 늘였다 줄였다 하며 굴신屈伸을 거듭한다.

다만 사람은 장수하려고 온갖 좋다는 약을 구해 복용하기도 하고, 죽지 않는다는 불로장생不老長生의 신선이 되고자 꿈꾼다. 신선神仙은 선도仙道를 닦아 도통道通하여 장생불사長生不死하는 사람을 뜻한다.

동양에서 장생불사의 비조鼻祖는 팽조彭祖라는 사람이며 요堯

임금의 신하였다. 호흡법의 태식胎息과 태식胎食을 하는 신선술神
仙術을 닦아 도당陶唐과 하夏나라를 거처 은殷나라 말기까지 9백
세를 살았다. 9백 세에도 30대의 젊음을 유지하고 활동했다고 전
한다.

세상의 일은 항상 상반되는 것이다

『주역』의 택풍대과澤風大過괘의 구이九二효에는 '고양생제枯楊生稊',
구오九五효에는 '고양생화枯楊生華'의 문장이 있다.

고양생제枯楊生稊는 '마른 버드나무에 뿌리가 났으니 늙은 남자
가 젊은 아내를 얻은 것이다. 이롭지 않은 것이 없을 것이다.'고
했다. 늙은 남자가 젊은 아내를 얻은 것은 지나친(老陽: 少陰) 것이
서로 어울린 것이다. 이 괘는 지나친 것이 서로 어울려 정상적이
지는 않지만 음양陰陽의 화합으로 이로운 것이 있다고 했다.

또 고양생화枯楊生華는 '마른 버드나무가 꽃을 피웠으며 늙은
부인이 젊은 남편(젊은 선비)을 얻은 것이다. 허물은 없으나 명예
도 없을 것이다.'고 했다. 마른 버드나무가 꽃을 피운 것이 어찌
가히 오래갈 것이며, 늙은 부인이 젊은 지아비를 얻었다는 것은
또한 가히 부끄러운 일이다.

이상의 해석은 서로 상반되는 것이며 오행五行의 원리와도 상
반된다 하겠다.

다만 여기서 마른 버드나무에 뿌리가 돋아난 것과 마른 버드나무에 꽃이 핀 것의 의미를 살펴보면, 뿌리는 오래갈 수가 있는 것에 꽃은 곧 지는 것에 비유한 것이다.

세상사에도, 같은 일이라도 사람에 따라 상반되는 결과를 가져오는 경우가 있다.

좋은 일이든 나쁜 일이든 개개인의 처지나 또는 남녀의 상황에 따라 다르게 적용되는 것처럼, 상고인上古人이 '역易'의 점괘를 만든 것에도 이러한 것을 인지하고 점괘를 만들었을 것이리라.

이러한 것을 '역(易; 주역)'의 특징이라고 할 것이다.

---

* 『주역周易』은 오경五經의 하나이다. 중국의 상고시대上古時代 복희伏羲씨가 괘를 만들었고 주周나라의 문왕文王, 주공周公이 괘사와 효사를 만들었으며, 공자가 십익十翼을 더해 대성시킨 역학서易學書이다. 64괘六十四卦와 10익十翼으로 이루어졌다. 『역경易經』이라고도 한다.

성性에 달인이 되는 다섯 가지 방법

『소녀경少女經』에는 이런 말이 있다.

"구천일심九淺一深, 삼봉채전三峰採田, 좌충우돌左衝右突, 십동불사十動不瀉, 다접불사多接不瀉, 통어신명通於神明"

『소녀경素女經』은 중국의 청淸나라 때에 섭덕휘攝德輝가 편찬한 방중술房中術을 다룬 저서이다.

성교性交로 질병도 치료할 수 있다는, 남녀의 건강한 삶을 위해 다룬 성행위의 여러 방식과 그에 따르는 기교로 질병을 치료한다는 내용이 담겨 있다.

그 경지에 이르려면 즐거운 마음으로 성행위를 하는데, 아홉 번은 얇게 한 번은 깊게 한다〔九淺一深〕.

세 곳의 봉우리〔양쪽 유두와 구〕에서 밭을 일군다〔三峰採田〕.

왼쪽으로 충돌하고 오른쪽으로 충돌한다〔左衝右突〕.

열 번을 요동하되 사정을 하지 않는다〔十動不瀉〕.

많은 사람과 성교를 하지만 참고 사정을 하지 않는다〔多接不瀉〕.

이에 이르러 방술의 신명神明한 곳에 통하게 된다〔通於神明〕.

소녀素女는 본래 중국 고대의 황제黃帝 때 성性에 통달한 여인이며, 기백岐伯과 함께 쌍벽을 이룬 여의女醫였다고 한다.

---

* 황제黃帝는 황제헌원씨黃帝軒轅氏이고 성은 공손公孫이다. 사마천의 『사기』에는 중국의 시조로 기록했다.

* 기백岐伯은 중국 의술醫術의 비조鼻祖이다.

호흡에 쓰는 글자들의 뜻

『강희자전』에서 호흡呼吸, 곧 숨을 들이마시고 내뿜는 기공氣孔에

관한 글자 뜻의 구분은 아래와 같다.

취吹는 숨의 기氣를 내보내다.

연吮은 빨고 핥는 것이다.

구呴는 숨을 후~ 내쉬다.

호呼는 숨을 스스로 내보내다.

활咶은 코로 숨을 쉬다.

흡(吸; 噏)은 숨을 스스로 들이마시다.

합哈은 물을 마시다.

담啖은 액체를 마시다.

철啜은 음식물을 마시다.

잡嚃은 목으로 물건을 삼키다.

후煦는 기를 후 불어 내다.

천喘은 숨이 차다.

위(喟; 噫희)는 한숨을 쉬다.

협嚈은 숨을 들이마시다.

허嘘는 입김을 천천히 내뿜다.

욱(噢; 嘤우)은 한숨을 쉬다.

기공氣孔에서 호흡법으로 태식胎息과 태식胎食을 하는데 알아야
할 글자의 뜻이다.

취吹는 숨의 기운을 내보내다. 곧 기를 불어 내는 것이다.

연吮은 입으로 빨고 또는 핥는 것이다. 곧 설하천(舌下泉; 침샘)
을 혀로 빠는 것을 뜻한다.

구呴는 숨을 후~ 내쉬다. 곧 기가 정지된 상태에서 다시 내뿜는
것이다.

호呼는 숨을 스스로 내보내다. 곧 자연스런 상태의 들어온 기를
내보내는 것이다. 호흡呼吸에서 호呼이며, 내보내는 자연스러운
것을 뜻한다.

활咶은 코로 숨을 쉬다. 곧 호흡을 코로 한다는 것이다.

흡(吸; 噏)은 숨을 스스로 들이마시다. 곧 내뿜은 기를 자연스레
들이마시는 것이다. 호흡呼吸에서 흡吸이며, 들이마시는 자연스러
운 현상을 말한다.

합哈은 물을 마시다. 곧 물을 마시고 그 맛을 판단하는 것이다.

담啖은 마시다. 곧 액체의 음식을 마시는 것이다.

철啜은 음식물을 마시다. 곧 즙汁과 같은 것을 마시는 것이다.

잡(唼; 喋)은 목으로 물건을 삼키다. 곧 동물이 물건을 삼키는 것

과 같은 것이다.

후煦는 기를 불어 내다. 곧 숨의 기를 혹 불어 내는 것이다.

천喘은 숨이 차다. 곧 숨이 차서 헐떡거리는 것이다.

위(喟; 噫)는 한숨을 쉬는 것이다. 곧 가슴에 저장된 기를 내뿜으
면서 탄식하는 것이다.

협噏은 숨을 들이마시다. 곧 내뿜은 기를 다시 마시는 것이다.
호흡을 협합(噏呷; 呼吸)이라고도 한다.

허噓는 입김을 천천히 내뿜다. 곧 정지시킨 기를 천천히 내뿜는
것이다.

욱(噢; 嚘우)은 한숨을 쉬다. 곧 탄식하며 슬퍼하는 소리를 내는
것이다.

호흡의 삼단법三丹法과 육단법六丹法, 구단법九丹法을 완성하면
태식이 가능해진다고 했다.

이상은 호흡(呼吸; 협합)에 관한 한자의 뜻을 말한 것이며, 기공
氣孔을 하는 사람들이 알아 두어야 할 글자들이다.

제11장 한자의 제작과 서예의 육체론六體論

해서체를 처음 쓴 사람은?

『후한서』에는

"해서楷書는 한漢나라 상곡上谷 땅의 왕차중王次仲이 처음으로 쓰기 시작했다."고 했다.

한자漢字의 유래는 아주 오래 되었다.

해서楷書는 한자를 쓰는 서체의 하나이다. 예서隸書를 변화시켜 쓰기 시작한 것이다. 곧 일점이나 일획을 독립하여 방정方正하게 쓰는 글씨이다. 또 정서正書이며 진서眞書라고도 했다.

중국의 황제黃帝 때 저송沮誦과 창힐蒼頡이란 사람이 '새가 내려 앉아 걸어가는 발자국'을 보고 처음으로 결승(結繩: 끈으로 묶음)하여 의사를 소통한 것이 한자漢字의 시초를 이루었다. 이후로부터 한자가 제작되기 시작했다고 전한다.

한자의 육의六義와 서예가들

『진서』위관衛瓘, 위항衛恒 전에
"한漢나라의 초성草聖은 위중장韋仲將이다."고 했다.

글씨를 잘 쓰는 사람으로 진秦나라 정막程邈이 있으며 전자篆字를 잘 썼다.

한나라 때 상곡 땅의 왕차중王次仲은 해서楷書를 잘 썼다.

초성草聖은 위중장韋仲將이 잘 썼다.

진晉나라의 위관과 아들인 위항도 초서草書와 예서隷書를 잘 썼다. 위항은『사체서세四體書勢』를 저술했다.

『사체서세』는 한자漢字의 '육의론論'를 이해하는 데 도움이 될 것이다.

"옛날 황제黃帝가 있어 제도를 만들고 천지의 만물을 조화시켰다.

저송沮誦과 창힐蒼頡이 있어 처음으로 서계書契를 만들고 결승結繩으로 대신하였는데, 대개는 새의 발자취를 보고 생각을 일으킨 것이다. 드디어 불어나는 것을 따라 곧 글자라고 일렀으며 여섯 가지[六義]의 뜻을 두었다.

첫째는 지사指事이며 상上과 하下가 이것이다.

둘째는 상형象刑이며 해[日]와 달[月]이 이것이다.

셋째는 형성形聲이며 강江과 하河가 이것이다.

넷째는 회의會意이며 무武와 신信이 이것이다.

다섯째는 전주傳注이며 노老와 고考가 이것이다.

여섯째는 가차假借이며 영令과 장長이 이것이다.

대저 지사指事는 상上에 있으면 상이 되고 하下에 있으면 하가 되는 것이다.

상형象刑은 일(日; 해)이 가득하면 월(月; 달)이 줄어드는 형상이 나타나는 것을 본받은 것이다.

형성形聲은 종류로써 형상을 삼아 소리로써 짝하는 것이다.

회의會意는 지과止戈는 무武가 되고 인언人言은 신信이 되는 것이다.

전주傳注는 노老로써 수고(壽考; 장수)하는 것이다.

가차假借는 여러 가지의 말이 글자와 동일하고 소리는 비록 다르지만 글의 뜻은 하나인 것이다.

황제黃帝로부터 삼대(三代; 夏殷周)에 이르기까지 그의 문文은 고치지 않았다. 진秦나라에서 전서篆書를 사용하는 데 이르러 앞서의 전적을 불태워 고문古文은 단절되었다. 한 문제漢文帝 때에 노공왕魯恭王이 공자의 옛집을 헐어 『상서尙書』, 『춘추春秋』, 『논어論

語』, 『효경孝經』을 얻었다.

당시의 사람들은 다시 고문古文이 있다는 것을 알지 못했고 과두서科斗書라고 일렀다.

한나라 세상에서 비밀리에 보관하고 드물게 얻어 보았다.

위魏나라 초에 고문을 전한 것은 한단순邯鄲淳에게서 나왔다. 위항衛恒의 조부 경후敬侯께서 한단순의 『상서』를 필사하여 뒤에 한단순에게 보였는데 한단순이 분별하지 못했다.

정시(正始; 魏)년중에 이르러 '삼자석경三字石經'을 세웠는데 옮기면서 한단순의 법을 상실하고 과두蝌蚪의 이름을 따라 드디어 그 형상을 본받았다.

태강(太康; 晉) 원년에 급현汲縣의 사람이 위양왕魏襄王의 묘지를 도굴하여 책서策書 십 여 만언十餘萬言을 얻었다. 조사해보니 경후敬侯가 쓴 것과 방불함이 있었다. 고서古書는 또한 여러 종種이 있었으며 그 1권一卷은 초楚의 일을 의논한 것이 가장 교묘한 것으로 여겼다.

위항이 남몰래 기뻐했다. 그러므로 어리석은 생각을 다하여 그의 아름다운 것을 기리고 부족한 것을 부끄럽게 여기며 앞선 현인의 작품에 섞어서 고인의 상象을 보존시키기를 바랐다. 옛것은 별도의 이름이 없어서 일러 자세字勢라고 했다.

황제黃帝의 사史는 저송沮訟과 창힐蒼頡인데, 저 새들의 발자국을 보고 처음으로 서계書契를 만들었다. 이것을 모든 일의 기강으로 삼아 법을 세우고 제도를 세웠다. 또 천자의 법전을 베풀어 사용하고 바탕의 문장으로 삼아 세상에 나타냈다.

이에 포악한 진秦나라에 이르러 하늘을 업신여기고 거역하는 데 이르러 대도大道가 이미 다하고 고문古文이 또한 없어졌다.

위 문제魏文帝는 옛 것을 좋아하고 세상에 구구九丘와 삼분三墳을 전하여 대를 거쳐 발흥시키지 못하고 진실한 것과 거짓된 것을 구분하지 못했다.

대진大晉이 개원開元하여 도道를 넓히고 가르침을 펴 하늘이 그의 상象을 드리우고 땅이 그의 문文을 빛냈다. 그의 문이 이에 빛나니 그의 장章도 밝아 회의會意의 소리를 따라 각각 종류의 사물에 따라 떳떳한 것이 있었다.

태양은 군주에 처하여 그 법도가 가득하고, 달은 신하들이 가져 그 곁은 이지러졌다.

곡식과 풀은 무성하여 이삭을 늘어뜨리고 크고 작은 모든 산은 높고 우뚝 솟아 산등성이를 연결했다. 벌레는 기기(跂跂; 기어 다니는 모양)하여 움직이는 듯하고 새는 날아 들추지 못하는 듯이 했다.

그 번거로운 것에 붓이나 먹을 얻어 마음을 사용한 것이 자세하고 오로지 했다. 세력은 화락하고 몸체는 균일하며 발동하고 중지하는 것이 간단함이 없었다.

어떤 것은 바른 것을 지켜 금제하는 것을 따라 곱자로 꺾은 듯하고 그림쇠로 돌린 듯했다. 어떤 것은 모난 것과 둥근 것이 법칙이 아니면 획을 따라 권세로 제제한 듯했다. 그 굽은 것은 활과 같앉고 그 곧은 것은 활줄과 같았다.

그러한 것을 바로 잡아 나오게 되면 용이 개천에서 오르는 듯했다. 수풀은 그렇듯이 아래로 무너지는 듯하며 비가 하늘에서 떨어지는 듯했다.

어떤 것은 붓을 이끌어 힘을 분기한 것이 마치 기러기가 높이 날아 멀리 날아가는 듯하고, 어떤 것은 방자하고 유약하여 마치 오색으로 만든 술이나 깃을 매단 것이 쓰러지는 것이 계속 이어지는 듯했다.

이런 까닭으로 멀리서 바라보면 바람에 날고 물에 이르면 푸른 파도에 잔물결이 이는 듯하고 나아가서 살펴보면 자연스러운 것과 같은 것이 있었다.

황제黃帝와 당(唐; 堯)에서 남긴 자취를 믿고 육예六藝의 앞선 모범으로 삼은 것이다.

주문籀文이나 전서篆書는 대개 그의 자손이고, 예서隷書나 초서草書는 그의 증손이나 현손玄孫이다.

사물의 상을 관찰하고 생각을 이루는 것으로써 언사言辭를 베푸는 것이 아니라고 하겠는가!

옛날 주 선왕周宣王 때에 사주史籀가 처음으로 『대전大篆』15편을 저술했는데, 어떤 이는 옛것과 더불어 동일하다고 하고 어떤 이는 옛것과 더불어 다르다고 하여 세상에서는 주서籀書라고 일컬었다.

평왕平王이 동쪽으로 옮기자 제후들이 정사를 힘써 집안을 달리하고 국가를 다르게 하여 문자의 형상이 어그러지게 되었다.

진시황이 처음으로 천하를 겸병하고 승상 이사李斯가 이에 보태어 아뢰었는데 진秦나라의 문자와 합치하지 않는다고 물리쳤다.

이사는『창힐편蒼頡篇』을 만들고 중거부령中車府令인 조고趙高는『원역편爰歷篇』을 만들었으며 태사령 호무경胡毋敬은『박학편博學篇』을 만들었다.

모두가 사주의 대전大篆에서 취했으며, 어떤 것은 자못 덜어서 고쳤는데 이것이 이른바 소전小篆이었다.

어떤 이는 말하기를 하토下土 사람 정막程邈이 아옥리衙獄吏가 되어 진시황에게 죄를 얻고 운양의 옥에 갇혀 유폐되었다. 그가 유폐된 지 10년에 옥중으로부터『대전大篆』을 만들어 적은 것을 더하여 보태고 많은 것을 덜어 줄였다. 또 모난 것을 둥글게 하고 둥근 것은 모나게 하여 진시황에게 아뢰었다. 진시황이 좋다고 하여 출옥시켜 어사로 삼았고 그때 글씨를 정하게 하였다고 했다.

진秦나라에서 고문古文을 무너뜨리는 것으로부터 팔체八體가 있었다.

첫째는 대전大篆이다.

둘째는 소전小篆이다.

셋째는 각부刻符이다.

넷째는 충서蟲書이다.

다섯째는 모인摹印이다.

여섯째는 서서署書이다.

일곱째는 수서殳書이다.

여덟째는 예서隷書이다.

왕망王莽 때에는 사공 견풍甄豊을 시켜 문자부文字部를 교정케 하고, 고문古文을 개정하여 다시 육서六書가 있게 되었다.

첫째는 고문古文이며 공씨孔氏의 벽중서壁中書이다.

둘째는 기자奇字이며 곧 고문古文과 다른 것이다.

셋째는 전서篆書이며 진전서秦篆書이다.

넷째는 좌서佐書이며 곧 예서隷書이다.

다섯째는 무전繆篆이다.

여섯째는 조서鳥書이며 번신幡信에 쓰는 것이다.

이에 허신許愼이 『설문說文』을 지어 전서篆書를 사용하는 것을 바른 것으로 삼아 체의 관례를 만들었는데 가장 잘된 것이라고 논했다.

진나라 때 이사가 불러서 이전二篆이라고 한 것들로, 여러 산이나 동인명銅人銘으로 사용한 것들은 모두 이사가 쓴 것들이었다.

한나라 건초建初년중에 부풍扶風의 조희曹喜는 젊어서 이사와 다르게 썼으며 또한 뛰어났다고 일컬었다.

조희는 한단순의 스승인데 대략 그의 미묘한 것을 궁구하였으며, 위탄韋誕이 한단순을 스승으로 삼았으나 미치지 못했다.

태화太和년중에 위탄은 무도태수가 되어 글씨로써 능했으며 머물러 시중이 되었고, 위씨韋氏의 보기명寶器銘의 제목도 모두 위탄이 쓴 것이다.

한나라의 말기에 또 채옹蔡邕이 있어 이사와 조희의 필법을 캐었으며 고금의 잡형雜形으로 삼았다. 그러나 정밀하고 익숙한 이치는 한단순만 같지는 못했다.

채옹은『전세篆勢』를 지어서 말했다.

'새는 발자국을 남기고 황힐皇頡은 따랐다. 성인聖人은 법칙을 만들어 이 문文으로 제제했다. 체體는 여섯 가지가 있으며 전篆이 진실한 것이 된다. 형체는 미묘한 것을 구하고 교묘한 것은 신의 경지에 이르렀다.

어떤 이는 거북의 등딱지 무늬를 송곳으로 찌르면 벌어져 빗살과 같이 촘촘히 늘어진 것은 용의 비늘이다고 했다.

몸체를 늘어뜨리고 꼬리를 멋대로 하여 길고 짧은 것이 몸체에 중복되었다. 쇠약한 것은 기장과 피가 이삭을 늘어뜨린 듯하고 쌓여 있는 것은 벌레와 뱀이 삼 부스러기를 불태우는 듯했다.

파도는 들치고 삐치는 획은 진동하며 매는 머뭇거리고 새는 진동하며 목을 길게 늘이고 날개로 위협하는 세력은 구름을 능멸하는 듯했다.

어떤 것은 가벼운 붓을 안으로 던진 듯, 근본은 미묘하고 끝은 농염하며, 끊어진 듯 이어진 듯하고 이슬을 실로 이은 듯하여 엉키어 하단으로 늘어졌다.

가로로 한 것은 엮이어 있는 듯하고 세로로 한 것은 엮은 듯하며 아득한 가지 끝에 기우뚱 달려서 모나지도 않고 동그라미 같지도 않았다.

행하는 듯 나는 듯 벌레가 기는 듯 조금 나는 듯했다.

멀리서 바라보면 기러기나 고니의 무리가 놀며 왕래가 그치지 않고 연이어지는 듯하다.

가까이서 살펴보면 단제端際를 얻어 보는 것이 불가하고 지휘(指撝; 指揮)의 근본을 감당하는 것이 불가했다.

연상(研桑; 계연과 상홍양)은 능히 그 굽어 펴지지 않는 것을 헤아리지 못하고, 이루(離婁; 눈이 밝은 사람)는 능히 그 틈새를 보지 못하며, 공수반公輸般이나 공수工倕는 읍하고 사양하여 교묘한 것을 핑계 삼고, 사주史籀와 저송沮訟은 공수拱手하고 붓을 감추었다.

편적篇籍의 첫 조목에 처하여 밝게 적당히 빛나는 것을 가히 보는 것이다.

화려하고 요염한 것을 흰 바탕에 펴고 학예學藝의 모범을 앞선 것으로 삼는다.

문덕文德의 크게 아름다운 것을 기뻐하고 만든 자가 출판하지 않는 것에 분노한다.

자체字體의 우러러 보는 것을 생각하고 대략大略을 들어서 논하는 것이다.'

진秦나라에서는 이미 전篆을 사용했는데 일을 아뢰는 데 번거로운 것이 많아 전자篆字는 성취가 어려웠다.

곧 예인(隸人; 죄인)을 시켜서 글씨를 돕게 하여 예자隸字라고 한 것이다.

한나라에서 따라 행하여 독부獨符, 인새印璽, 번신幡信, 제서題書에 전(篆)을 사용했다.

예서隸書는 전서篆書의 신속한 것이다.

상곡의 왕차중王次仲이 처음으로 해서楷書를 만들었다.

한나라의 영제靈帝는 글씨를 좋아하여 당시에 능한 자가 많았고, 사의관師宜官이 최고가 되었다. 큰 것은 한 글자의 지름이 여덟 자이고 작은 것은 사방 한 치에 일천 마디의 말로 매우 그의 능력을 자랑했다. 어떤 때는 돈을 가지지 않고 술집에 이르러 술을 마시고 따라서 술집의 벽에 글씨를 쓰고 관람하는 자에게 술값을 내도록 하여 돈을 발로 구하여 없앴다고 했다.

매양 글씨를 쓰고 번번이 깎아 내고 그 받침대를 불태웠다. 양곡梁鵠이 이에 더욱 판版을 만들어 술을 마시게 하고 그가 취한 것을 살피고 그 받침대를 훔쳤다. 양곡은 마침내 글씨로써 선부상서選部尙書에 이르렀다.

사의관은 뒤에 원술袁術의 장수가 되었고 지금 거록의 송자宋子에는 경구비耿球碑가 있는데 이것은 원술이 세운 것이며, 그 글씨는 매우 교묘하며 이것은 사의관이 쓴 것이라고 일렀다.

양곡은 유표에게 달아났는데 위 무제가 형주를 깨부수고 양곡을 찾아 구했다. 양곡을 선부仙府로 삼았는데, 위 무제는 낙양의 현령으로 점찍었다가 북부위로 삼았다.

그러므로 자신을 결박하고 문에 이르르자 이에 군의 임시 사마로 임명했다.

비서에 있으면서 글씨에 부지런히 스스로 힘써, 이로써 지금에 이르러서는 양곡이 손수 쓴 필적이 많이 있었다.

위 무제는 장막 안에 매달아 보이게 하고 벽에 못을 박아서 감상하는 데 이르렀으며, 사의관보다 뛰어났다고 했다.

지금의 궁전의 표제를 쓴 것은 이 양곡의 전篆이 많았다.

양곡은 마땅히 대자大字를 만들었고 한단순은 마땅히 소자小字를 만들었다.

양곡은 한단순이 왕차중의 법을 얻었다고 일렀다.

그러나 양곡은 붓을 사용하여 그의 서체의 형세를 다했다.

양곡의 제자인 모홍毛弘은 비서祕書에서 가르쳤는데, 지금의 팔분八分은 모두 모홍의 법이다.

한나라 말기에 좌자읍左子邑이 있었으며 소자小字는 한단순이나 양곡과 더불어 동일하지 않았다. 그러나 또한 이름이 있었다.

위나라 초기에는 종씨鍾氏와 호씨胡氏의 두 집안에서 행서법行書法을 만들고 함께 유덕승劉德升에게 배웠는데 종씨는 조금 달랐다. 또한 각각 교묘한 것이 있었으며 지금은 크게 세상에 행해졌다고 했다.

또 예서隸書를 만들어서 말하기를 '새의 발자국의 변화는 이에 오직 예서隸書만을 도왔다. 저 번거로운 수식을 깨끗하게 하고 이 간편하고 쉬운 것을 높였다. 그 사용은 이미 넓고 몸체의 형상에는 법도가 있었다.

빛나는 것은 별이 진열된 것과 같고 무성한 것은 구름이 펴진 듯했다.

그의 대경大徑을 찾는다면 가느다란 것은 머리털도 용납되지 않았다. 일을 따라 마땅한 것을 따르면 떳떳한 제도가 아닌 것이 없었다. 어떤 것은 활모양으로 되어 가운데는 높고 넓었다.

어떤 것은 빗살과 같이 촘촘히 죽 늘어서 바늘이 줄지어 있는 것 같았다.

어떤 것은 숫돌과 같이 평평하고 먹물처럼 곧으며 어떤 것은 꿈틀거리며 곱자처럼 꺾였다.

길고 짧은 것이 서로 알맞고 몸체는 달라도 형세는 동일했다. 붓을 분기시켜 가볍게 들어 떠나도 단절되지 않았다. 섬세한 파도는 짙게 점점하여 그의 사이에 뒤섞였다.

종거鐘簴를 설치하여 진열된 것이 마치 대궐에 화톳불이 연기를 휘날리는 듯했다. 참암(巉巖; 산이 몹시 가파르고 봉우리가 뾰쪽한 모양)하고 찰차(巀嵯; 산이 가파르고 우뚝 솟은 모양)하며 높고 낮은 것이 연속했다.

누대를 높이고 집을 거듭하며 구름이 더하여 산에 관을 쓴 듯했다. 멀리서 바라보면 나는 용이 하늘에 있는 듯하고 가까이서 살펴보면 마음이 산란하고 눈이 어지러웠다.

기이한 자태의 속임수는 근원을 넘지는 않았다.

계연이나 상홍양도 계산으로 능한 바가 아니고 재아宰我나 자공子貢도 말로써 능한 바가 아니었다.

어떻게 초서草書나 전서篆書를 족히 계산하여 사문(斯文; 유학)에 베풀지 못하겠는가?

어찌 몸체의 거대한 것을 보는 것이 어렵다고 장차 비밀스럽고 심오한 것을 전하지 못하겠는가?

애오라지 고개를 숙이고 쳐들어 자세히 관찰하여 대강을 들어서 논하겠는가!"

한나라가 일어나고 초서草書가 있었는데 만든 자의 성명을 알지 못했다.

장제(章帝: 후한) 때에 이르러 제齊의 상相 두도杜度가 초서에 뛰어났다고 하여 불러서 편篇을 만들었다.

뒤에 최원崔瑗과 최식崔寔이 있었는데 또한 모두 교묘한 것이 있었다고 일컬었다.

두씨杜氏의 쇄자(殺字: 글자의 감소)는 매우 편안하고 서체는 가늘면서 파리했다.

최씨崔氏는 매우 필세筆勢를 얻어 글자를 맺는 데 조금은 거칠었다.

홍농의 장백영張伯英은 따라서 더욱 정밀하고 매우 교묘했다.

모든 집안의 의백衣帛은 반드시 글씨를 쓴 뒤에 누였다.

연못에 이르러 글씨를 배우면 연못의 물은 모두 검었다.

붓을 내리면 반드시 해서를 법칙으로 삼고 바쁘다고 외쳐서 초서를 쓸 틈새가 없었다.

작은 종이라도 버려지지 않았으며 지금의 세상에 이르러서는 더욱 그의 글씨를 보배로 여겼으며 위중장韋仲將을 초성草聖이라고 일컬었다.

장백영의 아우인 장문서張文舒는 장백영의 다음이었다.

또 강맹영姜孟穎, 양공달梁孔達, 전언화田彥和와 위중장韋仲將의
무리는 모두 장백영의 제자이며 세상에 이름이 있었다. 그러나 특
히 장문서에는 미치지 못했다.

나숙경羅叔景, 조원사趙元嗣는 장백영과 더불어 시대를 함께하
고 서주西州에서 일컬음을 보였다. 교묘한 것을 자랑하는 것을 스
스로 함께하여 모든 사람들이 자못 의혹했다.

그러므로 장백영은 스스로 이르기를 '위로는 최씨와 두씨에 비
교하면 부족하고 아래의 나경숙이나 조원사에 비교하면 여유가
있다.'고 했다.

하간의 장초張超도 이름이 있었다. 그러나 비록 최씨와 더불어
주州를 함께해 장백영이 그의 법을 얻은 것과 같지는 못했다."

최원崔瑗이 『초서세草書勢』를 지어서 말했다.

"서계(書契; 文字)가 일어난 것은 처음 힐황頡皇으로부터 했다.

저 새들의 발자국을 복사하여 문장文章을 정했다.

이에 말엽에 이르러 전적典籍은 더욱 번잡해졌다.

당시에는 간사한 것도 많고 정사에는 권모술수가 많았다.

관청의 일은 황폐하였고 먹이나 붓은 남의 것을 표절했다.

오직 좌예佐隸를 일으키고 옛글자를 이에 삭제했다.

초서草書의 법은 대개 또 간략했다.

시대에 응해 군주가 자신의 뜻을 신하에게 알리고 써 두는 데

사용했다.

공로를 겸하고 아울러 사용해 날을 아끼고 힘을 덜었다. 순수하고 검소한 변화가 어찌 반드시 옛날의 법이겠는가!

그 법상을 관찰하고 엎드려 보고 우러러 보는데 의식이 있었다. 모난 것은 곱자에 알맞지 않았고 둥근 것은 그림쇠에 부합하지 않았다. 왼쪽을 억제하고 오른쪽을 들추어 바라보면 험준한 듯했다.

발돋움하여 기다리고 새가 머뭇거리며 그 뜻은 날아 옮기는 데 있고 교활한 짐승이 갑자기 놀라면 장차 달아나려는데 달리지 못하는 듯하다.

어떤 이는 치주점남(痴軫點渰; 붓으로 초서를 써서 점을 찍은 서체의 세력이 있는 것)은 상태가 구슬을 꿰어 놓은 것과 같아 단절시켜도 분리되지 않았고 성내어 마음이 답답한 것을 쌓아 제멋대로 하게 하면 기이한 것이 생겨난다고 했다.

어떤 이는 깊은 곳을 범해 두려움에 떨며 고목에 의지하고 위태한 곳에 이른 듯하며, 곁의 점은 기운 듯이 붙어 쓰르라미와 씽씽매미가 가지에 붙은 것과 같다고 했다.

붓을 놓고 형세를 거두고 나머지의 선이 서로 얽히어 두백杜伯은 독을 매고 가파른데 인연하고 등사螣蛇는 구멍에 다다라 머리가 없어지고 꼬리만을 드리운 것과 같았다.

이런 까닭으로 멀리서 바라보면 높은 것은 산봉우리에 막히고 낭 떨어진 곳이 무너지는 듯하고 나아가서 살펴보면 한 획도 가히 옮기지 못하는 것이었다.

조짐의 미묘한 것이나 오묘한 것을 구하고 때에 임하여 마땅한 것을 따랐다.

대략 대강을 들어 말한다면 이와 같이 방불한 것이다."

이상은 위항衛恒이 지은 『사체서세四體書勢』의 내용이다.

또 위관과 삭정索靖은 함께 『초서장草書狀』을 저술했다.

예서隸書는 진시황 때에 정막程邈이 만들었다.

한문漢文의 육의六義인 상형象形, 지사指事, 회의會意, 형성形聲, 전주轉注, 가차假借와 여섯 가지 서체인 고문古文, 기자奇字, 전서篆書, 예서隸書, 무전繆篆, 충서蟲書나 또는 대전大篆, 소전小篆, 예서隸書, 팔분八分, 초서草書, 행서行書를 이해하는 데 도움이 될 것이라고 생각된다.

또 글씨를 감상하는 데 있어서는 정체靜體, 활체活體, 묵체默體, 곤체困體 등으로 나누어 보는 것이다.

---

* 위관衛瓘의 자는 백옥伯玉이고 하동의 안읍安邑 사람이다. 진무제晉武帝 때 사공司空을 역임했다. 초왕위楚王瑋에게 세 아들과 함께 피해를 입었다. 초서草書를 잘 썼다.
* 위항衛恒의 자는 거산巨山이고 위관의 아들이며 초서草書에 뛰어났다. 『사체서세四體書勢』를 지었다.

제12장 나장裸葬의 시작

발가벗긴 나체로 장사지내는 것의 시작

『한서』양왕손楊王孫 열전에 기록되어 있다.

양왕손楊王孫은 무제 때 사람으로 황제와 노자의 학을 배웠다.

집안은 1천금의 재산을 모아 자신의 생을 풍요롭게 살았으며 중국 땅을 돌아보지 않은 곳이 없었다.

병이 들어 죽음에 이르러 먼저 그의 아들에게 유언으로 말했다.

"내가 죽으면 나체로 땅에 묻어 자연의 도道로 돌아가고자 하니 반드시 나의 뜻을 바꾸지 말 것이다. 죽게 되면 베 포대에 시체를 넣는 것을 만들고 땅은 일곱 자 깊이를 파고 그 시체를 내릴 때는 발에서부터 그 포대를 당겨 벗겨 시신이 땅에 친하게 하여라."

이러한 말로 그의 아들에게 유언을 남겼다.

당시의 풍속은 호화로운 장례를 하는 것이 유행했다.

아들은 이 아버지의 유언을 따를 수 없다고 침묵하고는 있었으나 또 한편으로는 아버지의 유언을 어기는 일이기도 했다. 또 유언을 따르는 것은 마음속으로 차마 하지 못할 일이었다.

이에 아버지의 절친한 친구인 기후祈侯를 찾아뵙고 사정을 말했다.

기후가 왕손에게 편지를 보내서 말했다.

"왕손께서 질병으로 괴로워하는데 나는 급박하게 주상을 따라서 옹雍 땅의 제사에 참석해 그대에게 가지 못했네. 원컨대 정신을 보존하고 생각을 살펴서, 의사와 약을 보내니 스스로를 잘 유지하게나.

간절히 듣자니 왕손께서 먼저 나장(贏葬; 裸葬; 벌거벗긴 몸체로 장사지내는 일)을 명령해서 죽은 사람으로 하여금 알지 못하게 하면 그만이지만 만약에 그가 앎이 있다면 이는 시신을 지하地下에 처형해서 장차 벌거벗고 돌아가신 아버지를 뵙는 것이니 간절히 왕손을 위해 취하지 말 것이네.

또 『효경孝經』에 이르기를 '속 널과 겉 널과 옷과 이불로 한다.'라고 했네.

이것은 또한 성인聖人의 남겨진 제도인데 어찌 반드시 구구하게 홀로 들은 소문만을 실천하려는 것인가? 원컨대 왕손께서는 잘 살펴보시게나."

왕손이 답장을 해 말했다.

"대개 듣건대 옛날의 성왕聖王들은 사람의 정에 인연하여 그의 어버이를 차마 하지 못했네. 그러므로 예를 만들었는데 지금에는 예를 넘었으니 나는 이 때문에 나장(贏葬; 裸葬)하여 장차 세상을 바로잡고자 하는 것이네.

대저 두터이 장례를 치르는 것이 진실로 죽은 자에게 이익 됨이 없는데도 속세의 사람들이 다투어 서로 높여서 재물을 허비하고 폐백을 다하여 땅 아래에서 섞이는 것이네.

어떤 이는 오늘 들어가면 다음 날 발굴하니 이것은 참으로 뼈를 들판 한가운데 드러내는 것과 무엇이 다른 것이겠는가!

또 죽은 자는 삶의 변화가 끝나서 사물로 돌아가는 것이네.

돌아간 자가 이르는 곳을 얻고 변화할 것이 변화를 얻으면 이는 사물이 각각 그의 자연으로 돌아가는 것이네.

자연으로 돌아가면 어둡고 어두워서 형체도 없고 소리도 없어서 도道의 정情에 합하는 것이네.

대저 밖을 꾸미고 백성들에게 화려하게 하며 두텁게 장례를 치러 자연으로 돌아가는 것을 막는다면 돌아가고자 하는 자는 이르는 것을 얻지 못하고 변화하려는 자는 변화를 얻지 못할 것이네. 이것은 사물로 하여금 각각 그 처한 곳을 잃게 하는 것이라네.

또 나는 들었네. 정신이란 하늘에 있는 것이고 형체와 뼈는 땅에 있는 것이라고. 정신은 형체를 떠나 각각 그 자연으로 돌아가는 것이라네.

그러므로 귀鬼라고 이르는데, 귀鬼는 돌아간다는 것을 말한 것이네. 그의 시체는 괴연塊然히 홀로 처하는데 어찌 앎이 있겠는가?

폐백과 비단으로 감싸고 겉 널과 속 널로 막아 사지와 몸체를 얽어매고 입에는 옥석玉石을 물려서 변화하고자 하지만, 얻지 못하고 답답하게 마른 포가 되어 1천년 뒤에야 겉 널과 속 널이 썩고 이에 흙으로 돌아가는 것을 얻어 진택眞宅으로 돌아갈 것이네.

이러한 것으로 말미암아 말하건대 어찌 오래도록 객客이 되는 것을 쓰리오!

옛날 요임금의 장례는 속이 빈 나무로 궤匱를 만들고 칡넝쿨로 묶어 그 땅 아래를 파는데 샘물이 끊어지지 않게 하고 위로는 썩은 냄새가 새지 않도록만 했다네.

그러므로 성왕聖王이 태어나면 높이는 것도 쉬웠고 죽으면 장례도 쉽게 했다네.

공로는 쓰임이 없는 데 더하지 않았고, 재물은 명분이 없는 데 소비하지 않았다네.

지금은 재물을 낭비하고 두터운 장례를 하여 죽음으로 돌아가는 것을 억류하고 이르는 것을 막아 죽은 자는 알지 못하고 살아 있는 자는 얻지 못하는 것이니, 이것을 거듭 의심스런 것이라고 이를 것이네. 오호라! 나는 위하지 아니할 것이라네."

기후가 말했다.

"좋은 이야기이네."

드디어 나장嬴葬을 하게 했다.

일반적으로 장례 의식은 시신을 염을 하고 옷을 입히고 이곳저곳 마디마디 모두를 묶고 입관하여 묘지에 묻거나 화장하여 납골당에 안치하는 것으로 끝마친다.

그런데 당시의 한漢나라에서는 호화로운 장례의식으로 막대한 재물을 시신과 함께 묻는 것이 크게 유행했다. 그러므로 장례를 치루는 데 많은 비용이 소모되었다.

이 폐단을 방지하기 위해 사회의 지도층인 양왕손이 선각자적인 견지에서 나장嬴葬을 유언하여 세상에 검소한 장례의 모범을 보이게 한 것이다.

지금도 사람이 죽으면 염을 하고 벽지로 싸고 삼베옷을 입히고 수십 번을 묶은 다음에 입관한다. 그런 다음 어떤 시신은 화장터로 향하고 어떤 시신은 묘지에 묻힌다.

이는 현대의 장례에서도 참고해볼 만한 내용이라 하겠다.

---

* 양왕손楊王孫은 한무제漢武帝 때 사람으로, 수만금의 부를 축적하고 황노(黃老; 황제와 노자)의 術術을 좋아하며 유람을 즐긴 사람이다.

나장裸葬을 유언으로 남긴 조자趙咨

『후한서』에 조자趙咨는 아들 윤胤에게 유언으로 타일러 말했다.

"대저 기氣를 머금은 종류는 태어남이 있으면 반드시 끝마치는 것이 있는 것은, 대개 하늘이나 땅의 떳떳한 기약이고 자연의 지극한 수數이다.

이 때문에 인사에 통달하거나 학문에 통달한 선비는 이 성명性命을 거울삼아 존재하고 멸망하는 것으로써 낮과 밤을 삼고 죽고 사는 것을 아침과 저녁으로 삼는 것이다. 그러므로 살아 있을 때는 즐거운 것이 되지 못하고 죽어서는 슬퍼하는 것을 알지 못하는 것이다.

대저 죽는 것은 원기元氣가 신체에서 떠난 것이고 정혼(貞魂; 진실한 혼)은 빈들빈들 놀아 본래로 돌아가 다시 시작하는 것이며 끝이 없는 곳으로 돌아가는 것이다.

이미 몸은 죽어 땅에 묻혀 돌아가 먼지나 흙으로 합하는 것이다. 흙은 버려진 물건이 되는데 어찌 성정性情이 있어 그 두텁고 박한 것을 제재하고 그 건조하고 습한 것을 조절하고자 하겠는가?

다만 살아 있는 자의 정情은, 차마 형체가 훼손되는 것을 보지 못하여 이에 뼈를 가리고 관을 내리고 묻는 제도가 있게 된 것이다.

『역(주역)』에는 '옛날의 장례를 지내는 자는 섶나무로 두껍게 시체를 싸서 들 가운데 장사지낸 것을 후세의 성인이 이것을 관곽棺槨으로 바꾸었을 뿐이다.'고 했다.

관곽의 제조는 황제黃帝로부터 시작했다.

이에 도당(陶唐; 堯)으로부터 우(虞; 舜), 하(夏; 禹)에 이르러서는 오히려 간결하고 소박한 것을 높이고 혹은 질그릇이나 혹은 나무로 했을 뿐이다.

은殷나라 사람에 이르러서는 더하는 것이 있었을 뿐이다.

주周나라에서 따르고 제도가 하夏와 은殷의 관습을 겸했다.

다시 장삽牆翣의 장식을 중후하게 하고 정명(旌銘; 명정)의 의식을 나타내게 했다.

초복招復을 하고 함렴含斂의 예와 빈소와 장지에서 묘지를 가리는 기약을 했다.

관곽을 모두 갖추고 중요한 제도와 의복과 이불을 껴입는 수를 알맞게 했다.

그 일은 번거롭고 진실된 것을 해쳤으며 만물이 깨부서지고 갖추어지는 것을 어렵게 했다.

그러나 녹봉이나 작위에 등급을 달리하고, 귀하고 천한 것에도 등급을 다르게 했다.

주나라 성왕成王이나 강왕康王 이하로부터 그의 법도가 점점 괴이쩍어졌다.

전국시대에 이르러 점점 퇴폐해지고 평이해짐에 이르렀으며, 법도는 쇠약하고 무너져 위와 아래가 참람해서 섞었다.

마침내 진후晉侯는 묘지에 길을 뚫는 것을 청하고, 진秦나라 백작은 순장殉葬을 했으며, 진陳나라 대부는 삼문參門의 나무를 설치하게 하고, 송宋나라 사마司馬는 석곽石槨의 사치를 만들었다.

이에 포악한 진秦나라에 이르러 도道를 어기고 덕을 무너뜨려 삼대三代의 제도를 없애고 음란하고 사특한 법을 일으켰다.

국가의 자금은 삼천三泉에 소비시키고, 인력은 여산驪山에 다하고, 진귀한 노리개는 먼지와 흙 속에 다했다. 기묘한 기술이나 솜씨는 모두 묘지 속에 소비했다.

백성이 태어난 이래로 죽은 자에게 중후하게 장례를 하는데 있어, 이와 같이 화려하게 꾸민 것이 있지 않았다.

비록 중니仲尼가 있어 주나라의 예를 밝혔고 묵자墨子가 옛날의 도를 힘썼으나 오히려 능히 막지 못했다.

이 때문에 화하(華夏; 중국)의 선비들은 서로 범하고 높이는 것을 다투어 예의 근본을 어기고 예의 말단만을 일삼아, 예를 힘쓰는 화려한 것이나 예를 저버리는 실질에 집안을 다하고 재물을 다해 서로 현혹하는 곳으로 달렸다.

살아 있는 이의 섬기는 것을 폐지하고 죽어서는 소진시키는 것을 경영해, 살아가는 바를 폐하고 두텁게 장례지내는 것만을 위했다.

이를 어찌 성인이 예를 제정한 뜻이라고 이르겠는가?

『예기』에는 '상喪은 비록 예가 있더라도 슬픔이 주가 되는 것이다.'고 했다.

또 이르기를 '상을 그 쉽게 하려거든 차라리 슬퍼하는 것이다.'고 했다.

지금인즉 그러하지 않고 관을 아우르고 곽槨을 합하는 것을 효도의 즐거운 것으로 삼고, 자금을 풍성하게 하고 수의를 중요하게 해 측은한 것을 밝히는 것에는 나는 취하는 바가 아니다.

옛날 순임금은 창오산에 장사를 지내는데 아황蛾黃이나 여영女英의 두 비妃가 따르지 않았다. 어찌 배필이라고 모임에 있어 떳떳한 곳을 지키겠는가?

성스런 군주나 현명한 제왕이라도 그것이 오히려 이와 같은데 하물며 일반 백성들이 예에 이르지 못하는 것이겠는가?

옛 사람은 때를 함께 하면 곧 모이고 때가 어그러지면 분별해서, 움직이고 정지함이 예에 응하고 일에 임해서도 마땅한 것에 합했다.

양왕손楊王孫은 나장裸葬을 하고 묵이墨夷는 해골을 드러나게 했는데, 모두 성리性理에 통달해서 신속하게 변화하는 것을 귀하게 여겼다.

양백란梁伯鸞은 아버지가 돌아가시자 돗자리에 말아서 장례를 치루고 자신이 죽어서도 그의 시체를 아버지와 반대로 하지 않게 했다.

저 여러 사람의 아들들이 어찌 지극히 가까운 부모의 은혜를 얇게 여기고 충효의 도를 잊었겠는가?

하물며 나는 촌스럽고 어리석으며 덕도 없고 민첩하지도 않지만 천박한 뜻으로 안을 비추어보니 그들이 뜻하는 바를 사모하는 바가 있다.

이에 위로는 옛 사람과 동일하게 하고 아래로는 허물이 되지 않을 것이다. 과감하게 반드시 행해서 의심하고 괴이쩍게 여기지 말라.

너희들이 눈으로 보는 바가 싫고 귀로 의논한 바를 숨겨 반드시 고쳐서 빈소를 만들어 나의 뜻을 괴이쩍게 할까 두렵다.

그러므로 멀리 옛 성인에게서 캐고 가까이에서 행사한 것을 헤아려 너의 마음을 깨닫게 하는 것이다.

자못 구덩이를 판다면 관곽만을 용납하고, 관이 돌아가게 되면 곧 장사를 지내는데, 평지에 하고 묘지도 없게 하라. 시일을 점치지도 말고 장례에는 차려 놓지도 말고 묘지 옆에 머무르지도 말고 봉분을 하고 나무도 심지 말라.

오호라! 어린 아들아, 힘쓸지어다. 내가 죽으면 다시 말이 있겠는가!"

조자趙咨는 양왕손楊王孫 이후 저명인사이며, 두 번째로 나장裸葬을 유언으로 남겨 실천케 한 인물이다. 당시의 호화로운 장례 풍속을 바꾸려고 자신의 나장을 앞서의 양왕손에 비유하고 자신의 견해를 자식에게 이해시켜 풍속의 변화를 시도했으나 중국의 장례방식은 그 후에도 개혁되지는 않았다.

검소한 장례는 중국에서는 순舜임금이 창오산蒼梧山에서 죽어

봉분封墳도 없는 검소한 장례를 시행했다. 그 후 한나라에서 문제文帝가 검소한 장례의식을 유언으로 남겨 검소하게 시행하였다.

이 때문에 한나라 말기의 전란에 고조高祖인 유방의 묘나 여러 제왕들의 묘지는 도굴되었으나 문제의 묘지만은 훼손되지 않았다고 전한다.

삼국시대三國時代 위魏나라의 조조曹操도 검소하게 장례를 하게 하였으며 조조의 묘지도 훼손되지 않았다고 전한다.

또 중국의 호화로운 장례를 거행한 군주들의 묘지는 전란에 훼손되지 않은 묘지가 거의 없었다고 했다. 곧 호화로운 장례를 시행한 묘지는 도굴의 첫 대상이 된다는 것을 이들은 이미 알고 있었을 것이다. 선각자다운 식견을 가졌다고 할 수 있다.

---

* 조자趙咨의 자는 문초文楚이고 벼슬은 박사博士, 동해상東海相에 이르렀다. 검소하게 처신하였고 도적이 조자의 집에 이르러 집안을 살펴보고 부끄럽게 여기고 돌아갔다고 한다.

장례의 의의와 방식

~

『여씨춘추』의 '12기十二紀'의 절상節喪에서 말했다.

"죽음의 의의를 아는 자는 외물外物에 의해 죽음을 어지럽히지 않는다. 이것을 평안하게 죽음을 맞이하는 도道라고 하며, 이는 성인聖人만이 도달할 수 있는 경지이다.

하늘과 땅 사이에서 삶을 받고 태어난 자에게는 반드시 죽음이라는 것이 찾아오기 마련이며 그것은 피할 수 없는 일이다.

효자가 그의 어버이를 소중하게 생각하고, 애정 깊은 어버이가 그의 자식을 귀엽게 여기는 것은 무엇보다도 사랑이라는 것이 사람의 천성이기 때문이다. 그렇게 소중하게 생각하고 귀엽게 여기는 존재가 죽었을 때, 그의 시체를 개천이나 산골짜기에 버린다는 것은 사람의 정의로서 견딜 수 없는 일이다. 이에 죽은 자를 편안하게 장사하기 위한 장사의 예법이 정해진 것이다.

이른바 장사라는 것은 감추어 갈무리한다는 뜻으로서, 애정이 깊은 어버이나 효자가 신중하게 행하여 오는 것이다. 신중하게 한다는 것은 살아 있는 인간의 마음으로써 죽은 자를 장사한다는 것이다.

살아 있는 인간의 마음을 가진 자로서 생각한다면 가장 좋은 방법은 일단 장사를 지낸 뒤에는 다시 옮기거나 파내지 않는 일이다. 옮기거나 파내지 않기 위해서 가장 좋은 일은 무덤 속에 값진 물건을 함께 묻지 않는 일이다. 이러한 것을 중폐重閉라고 하며, 곧 잘 갈무리해서 닫아두는 것이다.

옛날 사람들은 시체를 빈 들판이나 깊은 산속에 매장하고는 안심하는 자들이 있었다.

물론 귀중한 보석이나 국가의 보물을 감춰두는 것과는 다르다. 그러나 장례의 의식이란 곧 죽은 시신을 갈무리하여 감춰두지 않으면 안 될 것이다.

매장의 방식이 너무 얕으면 여우나 너구리 따위 짐승들이 파헤쳐서 시체가 훼손되고 너무 깊으면 지하수가 괴어 시체를 부패시키게 된다.

매장은 반드시 약간 높은 동산을 가려서 행하여 여우나 너구리 따위 짐승의 파헤침을 막고 지하수의 습기를 방지해야 한다. 또한 악인이나 도굴꾼, 또는 전란에 의한 재액 따위가 있을 수 있다는 것을 잊어서는 안 된다.

지금 세상의 민간의 풍속은 크게 어지러워졌고 군주도 또한 점점 사치해 가고 있다. 장례에 있어서도 죽은 자를 위해 치르는 것이 아니라 살아 있는 자가 그 호화로운 것을 스스로 자랑하기 위한 것으로 바뀌어 가고 있다.

사치스러운 장례일수록 훌륭하게 잘 치렀다고 하고 검소한 장례는 인색하다고 여겨 좋지 않게 말한다. 죽은 사람에게 좋게 하겠다는 생각에서 행해지는 것이 아니라 오로지 살아 있는 자, 곧 가족이 남에게서 어떻게 평판 받느냐에만 신경을 쓰는 것이다.

이것은 애정이 깊은 어버이나 효도하는 자식의 마음은 아닐 것이다.

사랑하는 사람이나 존경하는 사람을 장사하는데 살아 있는 자, 곧 뒤에 남겨진 가족이 강하게 바라고 있는 방법으로 행하고자 하는데, 대체 그러한 방법으로 죽은 자의 편안하게 휴식하는 것이 되겠는가? 그것이 있을 수 있는 일이겠는가!

나라가 더욱 성대해지고 집안이 더욱 부유해지면 장례는 더욱 호화로워져서 죽은 사람의 입에다 구슬이나 옥을 물리고 거대한 구슬을 죽은 사람의 신체에 감춘다.

생전에 즐기고 좋아하던 재화와 보물은 그릇, 솥, 병, 가마나 말, 의복, 창, 검 따위 그 수를 헤아릴 수 없고, 그들이 살아 나가는 데 필요한 모든 기구들을 딸려 보내지 않는 것이 없다.

묘지의 광중은 겹으로 파고 관곽을 몇 겹으로 하며 그것을 견고하게 만들기 위해 돌로 쌓으며 습기가 배어들지 않게 숯을 둘레에 묻는다.

간악한 인간들이 이러한 소문을 듣고 서로 전하여 알리면서 장차 도굴할 것을 계획한다. 위에서 엄중한 위력으로써 그것을 무거운 죄로 다스리고 막으려고 하지만 오히려 막을 수가 없다.

또 사람이 사망하여 오래되면 살아 있는 사람의 경계심도 차차 소흘해지고 경계가 소홀해지면 지키는 사람의 감시도 차차 게을러진다. 지키는 사람의 감시가 게을러져도 묘지 안의 부장품들은 처음과 다름이 없으니 도굴의 위험이란 본디부터 안심할 수 없는 것이다.

인간의 수명이란 길어야 100년이고 짧으면 60년도 넘지 못한다. 100년이나 60년에 불과한 사람이 영원한 자를 위하여 생각하는 것이 실제에 있어서 반드시 맞는 일은 아니다. 자기 자신이 영원히 죽은 자의 처지에서 생각할 때 비로소 진실한 방법을 얻을 수가 있을 것이다.

옛날에서 지금에 이르기까지 멸망하지 않는 나라는 하나도 없었다. 멸망하지 않은 나라가 없다고 하는 것은, 도굴이 되지 않은 임금의 무덤이 없다는 이야기이다.

우리들이 듣고 본 바로도 제齊나라, 초나라, 연나라가 일찍이 멸망하였고 송나라, 중산국도 이미 망하였다. 조나라. 위나라, 한나라도 모두 멸망했다. 모든 나라들이 이미 옛 나라가 되고 말았다. 이 나라들보다 앞에 있던 나라들도 모두 망해 수많은 나라 이름을 헤아릴 수가 없다. 또 그들 나라들의 무덤도 도굴되지 않은 묘지는 없었다. 그럼에도 불구하고 세상에서는 다투어 가며 무덤을 크게 꾸미려고 한다.

이 얼마나 슬픈 일인가!

또 도굴하는 자들은 유명한 귀족의 무덤이나 큰 무덤, 호화롭게 장사지낸 무덤을 발견하고는 숨어서 거처하기 편리한 집을 마련하여 비밀리에 그 무덤을 파헤쳐 밤낮을 가리지 않고 도굴을 계속해 반드시 값진 보물들을 얻어내어 서로 나누어가진다. 이것은 그들이 애지중지하는 바다.

그러므로 이 간악한 인간이나 도둑떼 또 침략자들로 하여금 마침내 부끄러운 짓이라는 것을 깨닫게 해야 하는데, 이것은 효자, 충신, 자식을 사랑하는 부모나 신의로 맺은 벗들이 크게 근심할 일들이다.

요堯임금은 곡림穀林에 장사지냈는데 숲을 통행하도록 나무를 심었다.

순舜임금은 기시紀市에 장사지냈는데 그 저자를 바꾸지 않아 백성을 번거롭게 하지 않았다.

우禹임금은 회계會稽에 장사지냈는데 그 무덤을 높고 크게 만들기 위해 번거롭게 백성을 동원하지 않았다.

그 까닭은 선왕先王들이 검소와 절약으로써 죽은 이를 장사지냈기 때문이며, 거기 드는 재물을 아껴서이거나 수고하는 것을 싫어해서가 아니었으며, 다만 죽은 이를 위해 마음을 쓴 것이다.

선왕이 마음 쓴 것은 다 죽은 이에게 욕되는 일이 생기지 않게 하는 것이었다. 묘지가 파헤쳐지면 그것은 반드시 욕되게 하는 일로서, 검소하게만 하면 파헤쳐지는 일은 생기지 않는다.

그러므로 선왕의 장례는 반드시 검소하게 하였으며, 그것이 곧 사리에 알맞은 것이었다. 그러면 무엇을 사리에 맞는 것이라고 하는가.

산속에다 장사지내면 산속에 걸맞고, 진펄에다 장사지내면 진펄에 걸맞게 하는 것이 사리에 맞는 장례이다. 이렇게 하는 것을 '죽은 이를 아끼는 것'이라 이른다. 죽은 이를 아껴서 후하게 장사지내는 사람은 많으나, 어떻게 장사지내는 것이 진정으로 죽은 이를 아끼는 것인가를 아는 사람은 극히 적다.

이 때문에 송나라는 아직 망하기도 전에 문공文公의 묘인 동총東冢이 도굴을 당하였다. 제齊나라도 아직 망하지도 않았건만 장공莊公의 묘는 도굴을 당했다. 국가가 아직 건재했는데도 오히려 이러한 일을 당하였는데 하물며 백년 후에 국가가 이미 멸망한 뒤에는 그것을 어찌 장담할 수 있겠는가.

효자나 충신, 자식을 사랑하는 부모나 신의로써 맺은 벗들은 이와 같은 사실들을 깊이 생각해야 한다.

노魯나라 계손季孫 씨의 집안에 초상이 났다.

이때 공자도 조문하기 위해 계손 씨의 집으로 갔다. 문을 들어서서 좌측으로 나아가 손님들의 자리에 이르렀다. 그때 상주는 군주君主가 차는 노나라의 보석인 여번璵璠을 죽은 자에게 채워서 막 입관하려는 중이었다. 그것을 본 공자는 그것이 예에 어긋나는 짓이라는 것을 알고는 곧바로 마당을 가로질러 뛰어가서는 계단으로 급히 뛰어올라 말했다.

'보옥寶玉을 죽은 이의 목에 걸어 장례를 치르면 그것은 비유컨대 유해遺骸를 들판에다 내버려두는 것이나 다름이 없사오니 그만 중지하십시오.'

마당을 가로질러 계단을 급한 걸음으로 뛰어오르는 것이 예가 아닌 줄을 알지만 그렇게까지 해서 계손 씨의 과실을 중지시켰던 것이다."

공자는 보옥을 가져가기 위해 무덤을 파헤치는 것을 방지하기 위한 일 때문에, 계손 씨의 장례에 실례를 무릅쓰고 계단을 뛰어 오르는 행동을 한 것이다.

지은이 **이준영** 李俊寧

동양문화사상연구소 소장.

어릴 때부터 노사蘆沙 학맥인 일재逸齋 정홍채鄭弘采 선생 문하[月山書堂]

에서 경전經典을 배우고 연구했다. 자는 도문道文, 호는 지한止漢이다.

해역서로 『시경詩經』, 『십팔사략十八史略』, 『주역周易』, 『묵자墨子』, 『중용

中庸』, 『주례周禮』, 『법언法言』, 『회남자淮南子』(상·하), 『대학집주大學集註』

등 다수가 있다.

동양학의 좌우론

초판 1쇄 인쇄 2022년 7월 11일 | **초판 1쇄 발행** 2022년 7월 18일

지은이 이준영 | **펴낸이** 김시열

펴낸곳 도서출판 자유문고

(02832) 서울시 성북구 동소문로 67-1 성심빌딩 3층

전화 (02) 2637-8988 | 팩스 (02) 2676-9759

ISBN 978-89-7030-162-4 03150   값 16,000원

http://cafe.daum.net/jayumungo